新版 人生を支配する先祖供養

谷口雅春［編著］

日本教文社

はしがき

多くの人たちは、霊界と現実界との関係を知らないのである。人間の肉体が死んだら、もう人間そのものは消えてしまって無くなるものだと考えている。だから此世（このよ）で狡（ずる）いことをして利益を得たり、人に残虐（ざんぎゃく）な行為をして自分だけが快楽を貪（むさぼ）ったりしても、それは利益の取り得（どく）であり、快楽の貪りどくだということになる。実際そうして悪賢い狡い奴や、残酷な奴が此世で少しも制裁を加えられないで栄華をきわめたままで地上の生を終る例をたびたび吾（われ）らは見せられるのである。そして死と共に、彼らは一様に〝無〟の世界に消え去って、後に何も残らないのだったら、狡いことの仕得（しどく）、楽しみの仕得で、正直な人間が馬鹿を見るのがこの世界だということになる。そこで〝悪〟の仕得ということが一般の通説になり、道徳地に墜ち、人心は乱れに乱れて此世には悪人充満の地獄相を呈することになるのである。それが現代の、いつわらぬ世相ではあるまいか。

併し、人生はそんなに甘いものではないのである。悪業の仕得や、悪い奴の、富や快楽の貪りの仕得などということをわれわれが心の奥底で不公平に感ぜずにはいられないのは、われわれが〝心の深層〟の中に、「そんな不公平は決して存在しない」という原因結果の法則を直感的に知っているからなのである。

原因があれば結果を生ずる。これは宇宙の大法である。それを仏教では「因果、昧さず」と教えているのである。悪業を重ねながら現世に於いて悪果が出て来ないからとて、人生を馬鹿にしてはならないのである。悪業を行なっても現世に、その帳尻が出て来ないということは、どこかに、その帳尻の総決算がおこなわれる世界があるという証拠でもある。その総決算が行なわれる世界が霊界及び未来世（未来に、われわれの霊魂が生まれ代って来る世界。単に〝来世〟ともいう）である。

現代は物質科学が発達しているだけではなく精神科学が発達して、既に過去の心理学とは様相が一変しつつあるのである。更に心霊科学と称して〝第四次元〟以上の霊的存在の世界の研究も段々進歩して科学的、実証的に現世で帳尻が合わない悪業が霊界に於いてその清算をせられるために苦しんでいる霊魂がたくさんあることが、明らかにせられつつあるのである。過去の仏教での地獄・極楽説は、その通りあるのではない。しかし、その通りではないが、霊魂の行く世界には、地獄とか煉獄とかいう語で形容されるような多種多様の苦しみの境界があって、その境界にあって、霊魂の浄化作用が行なわれるのである。つまり霊魂の浄化とは、汚れた霊魂の洗濯のようなものである、一層多く汚れている（悪業の集積している）霊魂ほど長期間はげしいショックの中でその〝汚れ〟を落さねばならないのである。〝多種多様の苦しみ〟と私がいったのは、それらの霊魂が自分の身につけた悪業の種類は各人一様でなく多種多様であるからそれを浄化する過程も多種多様であるという意味である。

それらの苦しみによる浄化の過程にある霊魂が苦しみの叫びをあげ、悩みの呻きに喘ぎながら、〝救けてほしい〟と思って子孫や親類縁者の名を呼ぶのである。そうすると、此の世界は電波の交流する世界であると共に、霊波（霊魂の想念の波動）が互いに交流交感する世界であるから、われわれ現世の人間で、その霊魂の近親者がその苦痛で叫んでいる霊魂の想念の波を感受するのである、すると、放送局の放送を感受したテレビセットが、その放送を画像化して具体化するように、自分の身に、その苦痛悩みの画像を具体化してそれを病気としてあらわすのである。

このような病気は、原因が霊魂の世界にあるのであるから、物質医学や精神医学の方法によっては解決の道はないのである。概(おおむ)ね現代の医学で解決し得ない病気――癌(がん)や、スモン病や、原因不明の不随(ふずい)症又は各種の神経痛的痛み、麻痺(まひ)を伴う病気は、霊界に於(お)ける霊魂の苦しみを、その人が受像した結果だとみとめられるのである。これを癒す道は霊界に於ける霊魂の苦しみを除去するほかに道はないのである。

霊界に於いて霊魂の背負う〝悪業〟を浄化消滅する自然の道は、苦しみによって償(つぐな)うことによって、その悪業が清算されるのであるが、それには長期間かかる。しかし現世に於ける縁者がそんなに長期間〝苦しみの霊波〟を感受して病気をつづけていてはたまらないのである。それで、祖先及び自分の家系に属する縁者の霊魂が霊界で苦しんでいるのを急速に救う道を講じてやらなければならないのである。これを救い得たならば、霊界の霊魂自身及びその影響を受けるべき現実界の両様(りょうよう)の救いとなるのである。

幸いにして、霊魂の浄化というものは、霊魂は物質ではないから、洗濯機にかけて霊魂を摩擦の搾(し)め木(ぎ)で拷問(ごうもん)的に叩(たた)きのめさねば浄化できぬというものではないのである。霊魂の浄化は消極的には〝懺悔(ざんげ)〟と、積極的には〝真理を悟(さと)る〟という二つの方法によって主として行なわれる。〝懺悔〟というのは、〝今までの行為は悪うございました。人間の為(な)すべき本来の姿ではございませんでした。今後一切いたしません〟と過去の悪業を〝心の世界〟で否定することで、過去の悪業を否定消去してしまうのである。〝真理を悟る〟というのは、「人間の実相」は本来〝如来〟であり、〝神の子〟であるという真理を述べた経典を現実界の縁者から読誦して貰い（これを聖経供養と謂う）その真理の霊波を霊界で感受して、人間本来〝如来〟であり〝神の子〟であり、本来〝無罪〟の実相をその霊魂が自覚して、悪業存在の世界から解脱して〝如来〟の実相地に超入することである。この〝如来地〟（如来の境地）に入ることを成仏するというのである。祖先及び縁者の霊魂を成仏させてあげるのが、現実界の子孫及び縁者の義務でもあり、それはまた自分自身に報いられて来て家族ぜんたいの健康ともなり、繁栄ともなるのである。

「先祖供養」と本書の表題にはなっているが、流産児や子供や自分の兄弟姉妹等々へ…の真理供養も本書は扱っているのである。それも中々たいせつである。戦後、戦前に見られなかった小児癌が殖えたり、現代医学で原因のわからない奇病が発生したりしているのは、戦後、占領軍が日本弱体化のために押しつけたマッカーサー憲法が「日本の美しき正しき伝統」であるところの〝家〟（〝霊の継続〟の系譜）の制度を破壊して、家督相続ということはなくなり、財産相続のみとしてしまったために、子孫が結婚して家庭をつくれば、所謂る〝核家族〟

として、祖先及び父母から断絶してしまうことになったために、祖先及び父母を聖経読誦によって〝真理〟を供養してあげる子孫が次第に少くなり、それだけ、祖先及び亡父母の霊魂が、霊界に於いて〝真理〟の悟りをひらいて〝如来〟の実相を顕わす（所謂る〝成仏〟の）機会にめぐまれないために、成仏がおくれる。その迷っている霊魂の霊波の影響を受けて脳腫瘍その他の難治の病気が特に戦後多くなって来たのである。このような脳腫瘍は、原因が霊界にあるから霊供養のほかに治癒せしめる道はないのである。

そんな理論を信じない人もあると思うのであるが、その理論の正しさは、実際聖経を読誦して祖先に〝真理〟を供養した場合、脳腫その他、医界難治の病気が消滅する奇蹟がたびたび起ることによって実証されるのである。その実証は、本書の最後の章に収録してあるが、この〝はしがき〟には、脳腫瘍が簡単に治った実例一つだけ挙げておく。これは本書をお読みになる最初に予備知識として知って置いて頂きたいからである。

それは昭和四十八年十二月十日、佐世保市の市民会館で生長の家の講習会があったとき、佐世保市針尾東町二三九三ノ二の田島はる江さん（43歳）が次のような体験を演壇に立って発表されたのである。——

『有難うございます。私は佐世保市針尾東町の田島はる江でございます。

生長の家のみ教えにはズーッと以前から入っておりましたけれども、それも名ばかりの事でございまして、仕事仕事で夢中でございました。

そんなにしておる時、私は肩が凝ったり、頭が痛んだり、そして眼も視えなくなったり、髪の毛が次第に抜けて来たりしたのでございます。そして病院に行って診察して貰いましたところ、頭のレントゲンを撮られまして、「脳の中に腫れているものがある」と言われまして、「大学病院の方に行くように」と言われまして、大学病院の方に入院致しました。それも連れて行かれたところが脳外科の方でございまして、毎日毎日検査ばかりで私は検査疲れで……疲れてしまいました。

そして無理に退院致しまして、家に居りましたが、退院致しましたその翌日私は、支部長でもありまた友達でもある小田さん宅に……頭の毛が抜けておりますので三角巾を被りましてバスに乗って、小田さん宅に行ったのでございます。そして

「小田さん、神想観を頼みます。お願いします」と言って、神想観と〝甘露の法雨〟を一所懸命に誦げました。

そして家に帰ってどうすることも出来ず、不安に暮れておりましたら、ひょっこり宮田講師と小田さんがお出になって下さいまして、

「髪は神様をあらわし、そして頭は御先祖様や目上の人をあらわすのですよ」

とおっしゃいまして、……私はそれに本当に気付いたのでございます。そして、

「あなたをいつも生かしていて下さる神様に感謝し、そして夫や、あなたを生んで下さったお父さんお母さんに感謝しなさい」

と教えられたのでございます。そして、

「主人にも感謝しなければならない」とおっしゃったのでございます。

で私は、それに気付かせて頂きまして、今まで私は眼の前（さき）のことばかり考えていて仕事に夢中でありましたことに気付きまして、それから〝甘露の法雨〟と神想観を毎日実行しました。そして本部の神癒祈願もお願いしたのでございます。そして小田さんも毎日、先祖供養に来て下さいました。

それから他の病院に行ってレントゲンを撮って貰いましたところ、まだ矢張り脳の中に腫れものができていたのでございます。

それから二ヵ月してからまた私は、レントゲンを撮って貰いました。そしたらその腫れものがキレイに無くなっていたのでございます。そのとき、私は生長の家の素晴しさを教えられまして、本当に〝有難うございます〟と祈るばかりでございました。医師（せんせい）も驚かれまして、

「田島さん、お祝いしていいですよ」とおっしゃいましたのです。

それから私は、生長の家のみ教えを皆さんにも（近所の人にも）「こんなこんな……」と言いまして、練成会にも参加させて頂きまして、此の素晴しいみ教えをより深く教えられたのでございます。

これも生長の家のみ教えのお蔭様でございまして、また皆様の御愛念のお蔭でございまして、本当に私は救われたのでございます。

一時は私も生きる望みもございませんでしたけれども、今は此の素晴しいみ教えに私は一所懸命でございます。そして……現在は鬘を被っておりますけれども、頭の毛もだんだん生えて来まして、現在は此の通りになりました。ちょっと鬘を外します。（聴衆拍手、本人嗚咽……）此の通りでございます。

私はこれから一所懸命に……（嗚咽）生長の家のみ教えのために一所懸命働かせて頂きます。皆様、有難うございます。』

これで田島はる江さんの体験談は終っているが、一つの実例を知るのは、霊界と祖先祀りに関する十を知る前提となるのであって、最初原理篇から、順次読み進んで、霊界の事情に通暁して、あなたの家族が顕幽両界にまたがって真理の功徳に浴せられんことを希うものである。

昭和四十九年三月二十日

谷口雅春

目次

第二章　祖霊の祭祀及び供養に関する諸問題

第三章　霊と霊魂について

第二部　実際篇

第五章　質疑に答える

第六章　先祖供養による奇蹟的体験例

新版

人生を支配する先祖供養

第一部——原理篇

第一章 ❖ 祖先の仏性を開顕するために

●祖母と孫娘との間の断絶

近頃は、親子の関係が断絶時代だといわれている。子供は親からはなれて自分の自由な生活をしたく思っている。生活様式が全然異るのである。私は最近NHKテレビの『北の家族』というテレビ劇を見ているが、しずという娘が北海道から、父親の失敗が原因で零落して母と共に金沢に住んでいる祖母の家へ身を寄せることになった。祖母の家はその地方でも素封家であったと見えて、祖母は帰って来た孫娘しずに、生花や茶道を教えて旧家の娘らしくオットリと育てたいと思う。自分の家のような旧家の娘が、働きに出るなどということは、家の格式からいっても恥になるというので、働くことに反対して、茶や花を習わせることにするが、しずは祖母の考えとは反対に、働くことは立派なことで、何も祖母の厄介になって縛られる必要はないと、ある大工の二階を借りて、自分の母はるの女学校時代の友達だった医者のうちに看護の見習のような仕事を、折角（せっかく）、祖母が習わせてくれているお茶もお花も勝手に断って、タイプライターと速記を余暇に習いはじめたというのである。そして事毎（ことごと）に祖母にとっては卑（いや）しい仕事であると思えることをするのである。祖母にとっては自分の孫娘を、こうもしてやりたい、ああもしてやりたいと思うけれども、まことに自由にならぬのが、現代の若い人たちである。時代の相異を喞（かこ）つ祖母の寂しさと、悲しさがよく出ている作品である。

●祖父母として又、父として母として

こんな孫娘をもった祖父母や、またそんな自分の子供をもった父母にとって、子供のそのような考え方の相違は、やり切れない淋しさであると思う。けれども父母や祖父母はその淋しさや悲しみに耐えなければならないのである。現代のように戦後の思想の移り変りの激しい時代でなくとも、たとい、それは過去の封建時代であっても、若い人は、自分で独自の生活を歩もうとした。それが出来ない時には、若い男女が情死までした。或（あるい）は勘当（かんどう）されて親子の縁を切られてその家から放逐（ほうちく）される若い人たちもあったのである。

封建時代でさえ年齢の相違に基づく親と子の考え方の相違から来る悲劇というものは起り

がちであったのであるから、況んや、家族制度が占領憲法によって破壊された戦後の現代に於て、祖父母と孫との精神的断絶や、親子の考え方の相反ということが激化して来るのは当然である。祖母として孫娘が生きて行こうとする道が脱線車輌に見えて心配になったり、自分の息子や娘の生活が、親の考えとはちがう方向へ向いて行こうとするのが間違のように見えるのも無理はないのである。さて、そのようなときに、子供達の先輩としての老人が、またその息子や娘の保護者である父なり母なりが、その若い人たちに、どのような気持になって彼らが間違の道を歩かないように、正しく導いてやるのにはどうすればよいだろうか。それを読者と共に考えて見たいのである。

●仏性・内在のキリスト・人の内にある聖霊

わたしの机の上に旧約聖書がおかれており、「ヨブ記」というところが開かれてある。「ヨブ記」の第三十二章六節に青年エリフが次のように言っているのである。

「我は年少く、汝等は年老いたり。是をもて我はばかりて、我が意見を汝らに陳ぶることを敢てせざりき。われ意へらく日を重ねたる者、よろしく言を出すべし。年を積みたる者宜しく智慧を教ふべしと。但し人の衷には霊あり、全能者の気息人に聴明を与ふ……」

エリフの此(こ)の言葉の意味を現代語で簡単に言うならば、「私は年若い者であるから遠慮して自分の意見を陳(の)べなかったのであるけれども、人の内には〝霊〟が宿っている。その〝霊〟というのは全能者の聖霊であって人に聡明(そうめい)なる智慧を与え給うのである」というような意味である。

この考えは、仏教の「一切衆生悉(しゅじょうことごと)く仏性あり」という教えに通ずるものであり、キリスト教の「内に宿るキリスト」（内在のキリスト）の思想の萌芽(ほうが)が既に旧約聖書にあるとも言い得るのである。

●生きて歩む宗教

仏教も、旧約も、新約も、人の内にやどる聖霊又は如来(にょらい)が存することに於て一致するのであるが、それが単に学説として、一種の宗教哲学として、単に人間の知的理解の対象となっているだけでは人間を具体的に救済することは出来ないのである。生長の家が一宗一派を唱えず、あらゆる宗教に共通する真理を説きながら、「一切衆生悉く仏性有(あ)り」の〝仏性〟を実生活に活用するように教えるところに独得の発展があるのである。つまり生長の家の特色を通俗語をもって表現するならば、それは、実生活に生きて歩む宗教であり、実用的仏教であり、生活応用キリスト教であるということである。

●時代の相違で子供が脱線したように見える場合

さて、自分の孫や、自分の息子又は娘が、時代の相違と共に、祖父母や父母から見れば如何(いか)にも脱線したように見える生き方をし、危険な方向に歩んで行きつつあるように見えるとき、そして年の功を経た先輩として年少者に助言をしてやっても、年少者は頑(がん)として自分の考え及び生き方を変えようとしない時、この〝一切衆生仏性あり〟の仏教哲学を応用して、その年少者の脱線を復旧させるためにはどうすればよいのであろうか。

それは〝仏性〟は如来なのであるから、その子供に宿るところの如来の全智に信頼して、その如来を聖経読誦(どくじゅ)と神想観とによって拝み顕(だ)すがよいのである。祖霊に感謝の聖経読誦をつづけていると、祖霊の守護の霊力が殖(ふ)えて子供が良化することが多いのである。

●霊祭の儀礼には必ずしも一定の形式はない

本部で催(もよお)される白鳩会の月例会に出席すると、たびたび祖先の霊魂をどのようにして祀(まつ)ればよいか、墓を移転したいがどうすればよいかなどと、霊魂祭祀(さいし)の問題についてきかれるのである。霊魂も生きているのであり、ひとりひとり個性があり嗜好も趣味もちがうのであり、どのような形式でお祀りしてあげることが、その霊魂にとって満足であるかは、いちいちの場合についてそれぞれ異ることであるから、本当は概括的に書くことはできないのである。白鳩会での質問に対して、同じような質問に対してわたしは全然異る解答をすることもある。迷っている霊に対する処置と、悟りを開いている霊に対する処置とは自然に異って来るからである。そんな処置の問題よりも大切なのは『死』ということは如何なる事かと先ず知ることが大切なのである。〝死〟ということが如何なることかを知らないで、死者の霊を祀るといっても、それは祭祀の基礎を失ったことになるのである。

●大往生と断末魔の苦痛について

霊魂には修行の足りた霊と、修行の未熟な霊とがあり、それに従って、肉体を脱して彼が霊界に往ったときの状態がちがうのである。修行の足りた霊は、ハッキリした意識をもって肉体を脱出し、自分が今しがた脱した肉体という脱け殻を客観的に見ることができるのである。肉体を脱するのに何らの苦痛をも感じない、所謂大往生である。そして霊界に移行してからも意識をもちつづけて、周囲の状態を見たり聞いたりすることができるのである。そうでない未熟な霊魂は、肉体の生前の三業（意業・口業・身業）の不浄なるものを浄めんがために、病気の苦痛を経験する。苦痛は浄化の過程である。しかしある程度以上の苦痛は神の恵み深き摂理によって、〝意識を失う〟という方法によって回避されることになっている。そして意識を失った状態で、その霊魂は霊界の待合室みたいな所に移行するのである。

●満中陰と五十日祭について

霊界の待合室は薄暗い世界である。それは〝冥界〟という語がふさわしいかも知れない。そこに肉体を脱出した霊魂は、肉体の病臭や屍臭の〝移り香〟の不快臭を浄化するために、ある期間滞在せしめられるのである。それを仏教では「中陰」と称して、まだ霊界のどの位置に往くべきかが定まらない期間である。それは大体七週間であり、仏教では四十九日間とせられ、神道では死の直後より数えて五十日目とせられているのは、仏教も神道も根本的に一致していることを示しているのである。四十九日間の中陰の期間を満了すると〝満中陰〟の法事があって生前の懇親者にお供養（満中陰の志）が配られる習慣になっている。神道では〝五十日祭〟という祭典が行われて、冥界の薄暗い前室から解放されて、受持の高級霊の案内によってその霊魂が割当てられた幽界の位置に伴われて行き、其処で修行することになっているのである。現実世界も、幽界及び霊界も、いずれも霊魂がその本来の〝神の子〟の実相を研き出すための修行の〝場〟であることに変りはない。

●冥界の照魔鏡について

四十九日間の浄化の期間が終った霊魂は高級霊が霊波によって作ったスクリーンの前まで伴われて行くのである。彼はその浄化されて透明になった心で、そのスクリーンに向うと、そのスクリーンに、彼自身が生前の一生涯に閲して来たすべての生活が、天然色映画の如くカラーテレビの如く映し出される。幽界の此の前室は、もう現実世界とは時間のサイクルが異るのであるから、極めて短時間ともいうべき間に、彼自身の生涯の生活の実情を、第三者的立場に於て、それを眼のあたり見るのである。現実世界に於ては、彼は第三者ではなく、第一者として自分自身が主人公として生活して来たので、「これ位のことは別に悪でも不浄でもない」と厳重には批判することなしに我儘勝手次第に生活して来たのであるが、今、こうして霊的スクリーンの前に立って自分の一生涯の生活を第三者として客観的に見せられると、善悪判断の規準が公正になって、「この位のことは悪くない」と思って生前に行為したことがらでも、「ああ、これも悪かった。あれも悪かった。あんな汚い行為をするのでなかった」と懺悔の心が起るのである。

懺悔というのは心を洗い浄めるという意味である。その懺悔の程度は、それぞれの霊魂によって反応が異って、必ずしも完全に悔改めが完了する訳ではない。過去に色々犯し来った悪業でも「悪かった！」と否定し、「再び罪を犯すまい」と反省決意すれば、その蓄積された〝業〟が着物を脱ぐように一枚一枚剥落して空中に消えて行くのである。

この過去の行為の一切を照し出す霊的スクリーンを、擬人的に閻魔大王と称し又は神話的に〝閻魔の庁〟の照魔鏡と称するのである。そして「悪かった、二度と再び犯すまい」という決意と共に、悪業の蓄積が一枚一枚、剥落して行く過程を、三途の河の手前に〝脱衣婆〟がいて、亡者の着ている着衣を脱がせるというような寓話が仏教ではつくられているのである。いずれも死者の霊がそこで過去の業が自己審判され、消える業は消え、消えない業はそのままに、その業の種類の善悪軽重にしたがって三途のうちの、どれかに行くことが定められて、その霊魂は霊界での落ちつく修行場が決定せられるのである。それを三途の川を渡るというのである。

●三途の川を渡って我らは何処へ行くか

三途というのは〝三途〟とも書く、肉体死後の霊魂の行くべき〝三つの途〟であるからである。それは普通、地獄道、餓鬼道、畜生道の三つの道のこと、即ち〝三悪道〟のことだと解せられているが、私はそのようには解しないのである。欲界、色界、無色界の三界だと解したい。何故なら人間はみんな三途の川を渡って、地獄道か、餓鬼道か、畜生道に堕ちて行くより仕方がないのだったら救われようがないからである。もっと立派な天国的な浄土に落ちつく霊魂もあって好い筈である。

●幽界と現実界との境

ここで私は、こんな素晴しい霊魂もあるのだということを『生命の實相』頭注版第十巻「靈界篇」（愛蔵版第五巻）にある高級霊からその子に寄越した〝霊界通信〟の一節を諸君に紹介したいと思うのである。この高級霊はその子に向って、

「お前はわたしの語ろうとするところの真義を捉えうるであろうかね。この真義をすべての人類が捉ええたならば、全世界は相を変えてしまうということがお前には解るだろうか

……」

といっているのである。そんなに重大な真理がこの霊界通信には盛り込まれているのである。彼（父の霊魂）はその子の手を借りて、自働書記現象によって次の如く自分自身の臨終を書くのである。――

「わたしは、街路で突然病気に襲われて病床に運ばれて、そしてそこで死んだのだった。家族のうちでお前だけが、父の意識の最後の残りがかすかに漂っている臨終に間に合って来てくれたのだった。愛するわが児よ。私はお前を感じたよ。お前という者が、わたしの最期に浮かんだ『念』だったのだ。お前はわたしの手が力なくお前の方へ動いて行って垂れ下がったのを思い出すであろう。それはわたしの現実界における最後の運動であり、最後の力であった。そしてわたしは現実界から没しさって死んだのだ」（これで、彼の肉体を通しての意識は消滅し、その次は肉体を脱した霊魂が、現実界をのぞき込んでいる意識に換るのである――谷口註）

●思いやりある死者の霊の力

この父の霊魂は高級霊であるから、肉体を脱した直後、すぐ現実界を見ることができるのである。それで次のように自働書記現象で綴るのである。――

「わたしの愛する児よ、お前は立ちながら父親の肉体の上に覗きこんでいた。しかしその時お前の心に浮かんだのは、お前の不幸な母親のことであって、わたしのことではなかった。お前の魂は意識していなかったが、その考えはわたしの魂の中に織り込まれていてわたしと同じことを考えていたのだ。『どうして此の憫れな母を助け、慰めてあげようか』と。……彼女よりも先にわたしが他界するということは、彼女にとって実に残虐な運命であった。それは彼女にとって太陽が没したことになる。絶望と悲嘆とのきわみが彼女を襲うであろう。（註・肉体を脱した父の霊は、その息子が何を考えているかを霊的知覚によって知っていたのである）わが児よ。その時、お前の母親がやって来たのだ……その時お前は自分の手で母親の手を握りしめ、彼女の腕を抱きあげた――そうしたのは本当はお前ではなく、わたしだったのだ。お前は眼の前に横たわっている父親を忘れて母親に囁きかけた――そうしたのは、本当はわたしだったのだ。わたしはお前に力を与え、お前の母親に内から力を与えていた。母がその夜お前が心配したようには悶絶もせず悲しみに耐えることができたのはそのためだったのだ」（『生命の實相』頭注版第十巻霊界篇一〇一頁、愛蔵版第五巻三三四頁以下）

●祖先霊を祀ること

死者の霊はこのように現実界の人々にも力を及ぼすことができるのである。諸君は祖先の霊の祭祀(さいし)のことを思い浮べることがあったり、気にかかったりするならば、それは祖先(亡父母を含む)自身の祭祀して貰(もら)いたい意識があなたの意識の中に織込まれているからなのである。だから、そういう考えが起って来たときにはお仏壇のない家庭ならお仏壇を買って来て祀ってあげるがよい。

●霊界への移行と死後の霊魂の状態

このような高級霊の特殊の状態は別として、一般普通人の霊魂の、肉体死後間もなくの状態は、現実世界の臨終の状態のつづきの状態を経験するのである。心境が急激に変わることはないからである。霊魂が肉体を脱皮して新たなる境涯(きょうがい)に入る過程は、毛虫が蛹(さなぎ)の状態から脱皮して翅(はね)の生えた蝶の状態に移行する過程にも似ている。それは〝霊界への出産〟ともいうべき状態で、出産の陣痛ともいうべき断末魔の苦しみを経験する。(もっとも悟境(ごきょう)に入っている霊魂は既に述べたように無痛分娩とでも謂(い)うべき安楽の状態で、意識を持続しながら霊界へ移行する)断末魔の苦しみを味わう霊魂は、神の慈悲によって、ある程度以上の苦痛を免除して、ある期間人事不省の無意識状態に入る。(人により長短があり、間もなく意識を回復する者もあるが、長きは数十年にわたり人事不省のまま継続するのもある）それは各自の過去の業因（ごういん）の相違によって業果（ごうか）が異るのである。その人事不省の無意識状態が長きにせよ、短きにせよ、いずれにせよ、霊界に於（お）いて意識を回復したときには、（その人にとって無意識中のことは心の中に存在しないからである）生前、臨終の際の状態が、記憶の世界に蘇生（よみがえ）って来て、癌（がん）で死んだ人は心に癌の苦痛が復活して来て、霊界でその癌の症状をその幽体に継続する状態を仮作（けさ）し苦しむようになるのである。

●病念を持ち越して霊界で苦しむ霊を救うために

病念を霊界まで持ち越して、病気の記憶のままに病気を霊界で体験しつつ苦しんでいる霊魂の救われる道は、病気や肉体はないということと、死後の生命の継続を説いて聞かせてあげ、「死」というものはない、それは現実界から霊界への転任である。その転任の時機は神の御手（みて）にあるのだという真理を悟らせてあげることが第一である。それには祖霊を招霊して『甘露の法雨』を毎日一定時間を約束して読誦（どくじゅ）してあげるがよい。

一人の迷える霊魂を導くだけで、原因不明の病気や不治の病気、それに家庭不和などが改善される場合があるのである。だから、先祖とか親類縁者の祭祀（まつり）（さいし）というものを決しておろそかにしてはならないのである。

●わが生命は祖先の生命の連続である

祖先または自分に関心ある縁者の霊魂の想念は、その子孫に影響を与えるので、祖先が好まないところを子孫が行なえば、祖先または縁者の霊魂の反対観念を受けてその人の運命が妨げられ、順調に進まなくなる事もある。

また祖先または自分に関心ある縁者の霊魂が迷いにとらわれ、信ずべからざるを信じ、妄執（もうしゅう）にとらわれていると、現実界の子孫たるわれらがその念を受けて、正しいことを行ないながらも、それがおもしろくゆかなくなることになるから祖先の霊魂にはすみやかに真理を悟らせてあげる必要がある。（『生命の實相』頭注版第四巻、第五巻、第十六巻参照）

●仏壇、神棚の意義

仏壇も神棚もないというのは、一家の魂の寄り所となる霊的中心がないことになるのでよろしくない。人間界で仏壇や神棚ができるということは、肉眼でみたら物質の祠（ほこら）や宮ができただけだが霊眼でみると、そこにはもっと荘厳（そうごん）な霊界のお宮が出来ておって、その姿が影を映して、人間界に物質の神棚とか仏壇とかが出来ているということになっているのである。だから簡単な神道式のお宮でもよろしいし、宗派に順って適当な仏壇をこしらえて拝んであげると、霊界にはそれ相応の幽体の神社、仏閣があり、そこへその霊が出入して、それを拠点に修行してだんだん霊格が上ってゆく、ということになっているのである。(『生長の家』誌昭和三十六年九月号参照)

●位牌と鎮魂の仕方

肉体は死んでも〝人間〟そのものは〝霊〟であって、霊は死ぬのではないのである。霊を祀ってあげるのは清浄な木材(紙)で造った位牌又は石碑に名前を書いてあげるがよい。俗名の方が却ってよいのである。戒名をつけてあげても霊界で人事不省の無意識中につけた戒名などは自分の戒名だとは知らないで、その戒名で呼んでも、出て来ないこともある。男なら俗名の下に、〝比古命〟と書く。女なら俗名の下に〝比女命〟と書く。最も近い親族が書く方が、霊を呼ぶためのアンテナとしてはよいのである。親の霊を祀るにはその実子が位牌に親の名前を書く。子の霊を祀るにはその実父母が位牌に子の名前を書く。文字には書いた人の霊波が宿っているのであるから、親と子とは最も近似の霊波をもっているから、その霊を招ぶ場合に波長の同調が得られるので都合がよい。

書き終ると、それを仏壇又は神棚又は清浄な場所に安置し、「何年何月何日を現世の限りとして幽界に帰りましまし何々比古の霊イイ……」と数回、霊を本当に呼びだす気持で唱える。その後数歌を数回となえて、招霊された霊魂が来臨する時間的余裕を与えると共に精神を統一して来臨の霊を自己に受ける。そして合掌の指先を位牌（又は石碑）の方に向けて、下腹部に力を入れて〝イューウ〟という発声の気合をかけると、招霊された霊魂が、招霊の儀を行ないつつある人の合掌の指先より気合と同時に放射される霊気によってその位牌に結びつけられる。謂わば今まではその霊を招ぶにしても無線交信であったのが霊の糸により有線通話式に縁が結ばれたことになり、その位牌に向って経をあげたり、物を供えれば、直通電話をかける如く相手に通ずることになるのである。

●位牌には何名の名を書いてもよい

又位牌には（一牌に）何人の名前を書いても構わない。同じ宗旨の人なら表に「○○家先祖代々親族縁族一切之霊」と書いて、裏に、特に死んでから五十年経たない人の名前を書いて、一々招びだして、一緒にそこへお祀りして上げるというようにすればいいのである。一緒の位牌の中に入っていても、血のつながりの親類縁者、家族みたいなものだから、そこに一緒にいるということに障りはないわけである。

また、人間は五官の感覚器官に頼っているので、本当に耳に聴こえるように呼ばなければ聞こえぬが、霊魂は肉体の感覚器官を通さないでも、我々が何月何日に祖先供養をするんだと心の世界に決めると、それを感じて其処に集まって来るという事になっているのである。それを特に名前を誦えてあげるのは、迷いが多かったり、恨みが解けないでいたり、或いは自分が新仏で、沢山の先輩の霊魂の参列があるために遠慮して、自分の名前を呼ばれなかったら、前列に出たらいかんのだと思い、後の方でまだ遠慮しているような霊魂もあるから、名前を呼び出してあげた方がよいのである。

●新たに祖先霊を祭祀する場合

新たに霊碑又は墓石を作って、お祀りする時は、祓式を行い、次に先ず〝招神歌〟を唱えて正しい神様の御降臨を願って、祭祀の意義をといた祭文を読み、仏教ならば祓式の代りに「般若心経」を読みて妄念を浄めて本尊の御守護のもとに招霊するようにする。これは浮浪の霊などに災いされないためで、力強く権威ある態度で行うようにする。

●生長の家は葬祭の儀式に何故神社的式典を採用するか

何故生長の家では祭官が神道的服装をし、神道的儀礼に則って祭祀を行うかと問う人がある。先ず第一に、何故神前に榊をそなえるのであるかという問がある。これは『古事記』の天岩戸開きのときの行事に、「天香山の五百津真賢木を根こじにこじて、上枝に八尺勾璁之五百津之御須麻流之玉を取り着け、中枝に八咫鏡を取り繋け、下枝に白丹寸手、青丹寸手を取り垂でて……」

とある故事に則ったのであって、別に生長の家の独得の祭式の行事として特に定めたものではないのであるが、万教帰一の生長の家のことであるから、神道仏耶等色々の信者が集まるので、仏式にしてもキリスト教式にやってもよいのであるが、仏式に葬祭の行事をやればキリスト教の人は反撥するであろうし、キリスト教式に葬祭の儀式をやれば仏教の人は反撥するであろうから、そこで日本人ならキリスト教の人でも、仏教の人でも、神社詣りをするので、神社の式典的な儀式なら、仏教の人でもキリスト教の人でも反感なしに集まり易いので、万教帰一を目標とする生長の家では、その葬祭の儀式作法は、特別のことは除き、だいたい神社式典の儀礼作法に則って行うことになっているのである。

だいたい神社式典は、宗教のように思う人もあるが、神ながらの道――すなわち、自然の道がそのままに生活習慣にあらわれたものであって、何々宗というような特定の教義を宣布するところのものではないのである。(『白鳩』誌昭和四十五年十月号参照)

●先祖供養の意義

1　第一義的には、

人間は神の子である。神の子はそれ自身で完たい。外から何物かを附け加えてもらうことによって初めて完全になるようなものではない。――これが第一義的真理である。神の子たる人間の霊が外からお宮を附け加えてもらわないと霊界の生活に困るようでは、それは宮と言う迷いに捉われているのである。お宮を建ててもらわねば霊界の生活に都合が悪いとか、お堂を建ててもらわねば霊界の生活に都合が悪いとかいうのでは、その霊は神性の自覚が足りないのである。それで、神性を自覚した霊にとってはどんな形式によっても祀ってもらう必要はないのである。

2　第二義的には、

未だ悟りの境地に達していないで、肉体的自覚を脱し切っていない霊魂は習慣的に空腹の感じを催し、餓鬼道的に苦しむ者もあるので、応病与薬的に「食を欲するものには食を与え、薬を欲するものには薬を与え」という訳で、宮を欲するものには宮を与え、仏壇を欲するものには、仏壇を与えてこれを供養して誠をつくすことが、これが先祖に対する道となってくるのである。従って祖先が仏教で続いて来た家系の霊を祀るには仏教的儀礼に則るがよいのである。

●献饌の意義

神道の儀式には祭祀に当って献饌が行われる。これは神霊が空腹を感じ給うのでお食事を与えるのではない。神の恵みを受けて五穀豊饒等の功徳を受けた古代人が、その初穂を神に献じて御礼を申上げる故事から発祥したのである。霊魂を祭祀する時には、その人が生前好みたるところの食物を供えてあげるがよい。霊魂は物質の食物を食さないし、悟りをひらいた高級霊は物質の食物を欲しないが、まだ霊界に移行したことすら自覚せず、やっと霊界で意識を恢復しかけた霊は、自分をまだ肉体的存在であるという薫習が失せないので、食物を食べたい気がしており、食べたと思わねば空腹の感じを味わう。そのような霊魂に対して、何も食物を供えずに最初から聖経を読誦しても「お経どころか、空腹で仕方がないのだ」と空腹の念が邪魔して聖経の文句を充分きかないことがある。従って読経（どきょう）の功徳は乏しいのである。そこで祀（まつ）ってもらいたいと思ったり、食を欲する霊魂には、その希望を満たしながら徐々に本当の悟（さとり）に導いてあげるために祭祀に一定の形式をとることになる。それで生長の家の信者たちは、祖先を祀るのには祖先の信じた宗教形式を傷つけずに存続することになっているのである。

仏教ではそのような霊を弔（とむら）うために盂蘭盆会（うらぼんえ）などに施餓鬼（せがき）と称して食物を供えてから経文（きょうもん）を読むのはそのためである。ただし霊が実際に食するものは現実の物質的食物ではない、霊界は念の世界であり、念を食物として生きているのであり、物質の供物（くもつ）の大小、多寡（たか）によるのではなく、供える人の念が霊界に放送され、あの人にあげたいという即（すなわ）ち愛念が原動力となり念送されて霊界に念で作られたお供物となって出来上る。そうすると「あれは私に供えて下さったのだから頂こう」という気が起ると、すっと自分の口へ入って来て、「おいしい、ああ満腹した」という気持が起るのである。

その状態は「大無量寿経（だいむりょうじゅきょう）」に書かれている極楽浄土の状態のようなものである。霊界は念波で作られた世界であって、吾々（われわれ）は供養の念を供えて、供養の念を食べて頂くということになるのである。

無論もっと向上した霊魂――肉体は無い、何も食べなくても吾々は神の生命によって生かされているのであるという自覚を得た霊魂達は決して何も食べたいとは思わないのであるけれども、しかし、自分に対する愛念を以て供えて下さったという愛の念はやはり喜びとなり、その人を生長させることになるのである。悪念は霊魂を低下せしめる害物となり、善念特に真理の想念は、最も霊魂を向上せしめる滋養物となるのである。それ故に霊魂に対して真理の経文を読誦する行持があるのである。

●幽斎と顕斎について

祭祀には、幽斎と顕斎とがある。顕斎とは形の上の御宮とか仏壇とか各宗で定められた一定の形に顕われた方式で祀ることである。幽斎というのは心をもって心に相対するもので、精神統一をして実相を念じ、人間の実相が円満完全であって悩みも病もないという念を霊界の諸霊に放送してあげて、念波によって霊界の諸霊の苦悩を斎めてあげるのである。これには、相手たる霊を生前の名前で招び出して置いて、一緒に神想観をするつもりでやってもよい。念だけで頼りなければ、言葉で真理を説いてきかすがよい。それには聖典の「實相篇」を読んできかせてあげるがよい。（『生命の實相』頭注版第十六巻、第二十一巻、第二十八巻参照）

生長の家の宇治別格本山の「入龍宮幽斎殿」に於ける幽斎は霊魂を斎祀するための幽斎ではなく、自己が〝無〟の門関を越えてみずからを斎め尽して実相竜宮界の幽境に、超入する修行をするための道場として造られた神殿であるのである。

●個別霊の供養の期間について

概して言えば、五十年したら、自然に霊魂の浄化が行われて、迷っている霊魂が殆んどなくなるということになる。けれども、中には毒殺されたり、非業の最期を遂げたとか、普通の死様をしていないで、深い恨みをもって死んだような人の霊魂は五十年たってもまだ浄化の過程を完了していないのがあるから、五十年過ぎた霊魂でも名前を呼んで供養してあげ、又その年月日が判っている場合は位牌の裏に書いて、特に名前を唱えて呼び出して、お祀りするということになるのである。毒殺されたり非業の最期を遂げた人以外の霊魂でも、中には五十年経ってもまだ悟りを開かない霊魂があるかもしれないけれども、それは「〇〇家先祖代々親族縁族一切之霊」としてまとめて招霊しているのであるから、特にその霊個人の名を唱えて招霊しないでも、自然に感じて、供養の所へ集まって来ているものである。

●無縁仏を祀ることについて

自分の御先祖なら良いけれども、無闇に無縁の、他家の霊に供養していると、恰度、金持ちがルンペンに施しをするようなものである。施された人は喜ぶけれども〝お前、あそこへ行け、あそこへ行け、あそこへ行けば施しがあるぞ〟という訳でルンペン等が集まって来るように、迷っている霊がいくらでもずーっとたくさん集まってくるのである。あなたの霊が修行足りて霊的力があれば全部救えるけれど……少数の霊なら救えても、あまり沢山集まってきたら救い切れないことになって折角、諸霊に深切をしながら迷いの霊の禍いをかぶることになる。だから、普通の人は無縁の霊を招ぶのは弊害があるのである。

神社とか寺院とかで例大祭を行なったり、施餓鬼をやるときには、神社や寺院を守護する神霊の加護があるから、無縁の霊を供養するのは可いけれど、個人の家で無縁の霊を祀るのは愛念ではあるが、自分に霊的力が足りないと無数に迷っている霊が集まって来てそれをさばき切れなくなると困るので、個人では無縁霊を祀らない方がよい。(『幸福をひらく鍵』参照)

●宗旨を変える事によって起る障害

往々精神病者の家族を持っているとか、あるいは変なえたいの知れない病気——小児麻痺であるとか、癲癇であるとか、舞踏病であるとか、医者の方でちょっと原因不明な病気を持っておられる方が、その率にしてクリスチャンの方が多いのである。これは確かに率が多いのであるが、必ずしも、これはキリスト教そのものがわるいのではない。けれどもキリスト教が日本に移入されたのがきわめて近代であるために、祖先の霊魂たちがキリスト教というものを知らない。そしてお祖父さん、お祖母さん、その上の曽祖父さんあたりになると、その霊魂が霊界においてどういう信仰を持っているかというと、あるいは神道であるとか、仏教であるとかの信仰を持っていて、耶蘇という名前を聞くだけでも嫌いだというふうな、異教を毛嫌いする霊魂たちが先祖に多いのである。その考えは編狭なのであるけれども、ともかく日本人の祖先の霊魂たちの多数は、国粋的とでもいうか、多少排他的な編狭な霊魂があるのであって、耶蘇の耶の字を聞くだけでも嫌いだというような人の霊魂がある。今も七十歳、八十歳ぐらいの人に聞いてみると、そういう風潮がずいぶんその人の時代にはある。

自分の子が耶蘇になるとでもいったら、実に穢れた異人種にでもなり、四足にでもなるような気がする。可愛い息子でも耶蘇教を信ずる以上はやむをえない、家に入れないで、勘当(かんどう)してしまうふうな気持をしている爺(じい)さん婆(ばあ)さんの霊魂もあるのである。そういう霊魂たちのいる霊界へ行って、われわれの子孫が耶蘇教信者という名前を附(つ)けて入ったら、「えらいことだ。こいつは汚(けが)れた奴になってきた」という偏見をもって毛嫌いして、容易に子孫を霊界の生活に馴(な)れるまで導いてくれないのである。「あいつはヤソになったから勘当する」可愛い息子の霊魂でも先輩の霊魂から勘当同様の取り扱いを受けて構いつけてくれないと、霊界で村八分的になり、どうして生活したらよいのか、ちょっと事情がわからない、自分だけ一人ぼっち置去りにされる。自分だけで修行してコツコツやって行くよりしようがないというような状態になっているのも往々あるのである。そういう霊魂は霊界の生活に戸惑って早く悟りきれない。その悟れない霊魂が、子孫に済(すく)われようと思って子孫に憑(かか)って来ると、そういう医学的には原因不明な病気を現わすのである。（『生命の實相』頭注版第二十八巻参照）

● 聖経『甘露の法雨』の由来について

聖経『甘露の法雨』は『智慧(ちえ)の言葉』と同じく突然霊感的に浮んで来た思想が詩的なリズムを帯びて来たのを書き止めて置いたものである。それを読誦することによって色々の奇蹟を演じた。後より見ると此の聖経は期せずして、『生命の實相』全巻の真理を縮約して歌ったものになっている。最初、これは〝詩〟として「生長の家の歌」という詩集の冒頭に収録されていたものであるが、当時、京都電燈社長の石川芳次郎氏の岳父、工学博士小木虎次郎氏がこれを読むと、単に現実界の人間が読誦して悟りを開いて病苦悩苦を去るばかりでなく、霊界の諸霊もその読誦の真理を聞いて悟りをひらき、迷える障りの霊も守護の霊となるので、治病・運命好転等の色々の奇蹟的功徳を生ずるというので、小木博士がこれは単なる詩ではなく「聖経」と尊称すべきものであるとて、京都の教化部で聖経にふさわしい紫色の絹表装の折本仕立に装幀して発行され、その後、益々奇蹟的な功徳を生じたので、京都教化部で独占すべきものでないとて本部へ版権を返上されたものである。

●先祖に対して聖経を読誦する時の心得

先祖に対して聖経を供養する時「祖先の霊魂よ、お前は迷っていて、迷いの霊波を送って来るので困っている。この聖経を読んであげるから、それをよく聴いて悟りを開いて、二度と迷いの霊波を送って悩ませないようにしてくれ」というような事を言ったり、思ったりして聖経を読誦しても効果が少ないのである。何故なら、そのような気持で聖経を読誦したりすることは、相手の悪をみとめて、軽蔑的語調や、〝よく勉強せよ〟などといっているようなもので、現実界の人間に対してでもこのようなことを言うと、反抗心を起こして反撥されたりするのである。

これと同じ事が祖先の霊たちにも起こるのであって「お前は迷っているから、この真理のお経をおききなさい」では、いくら聖経を誦げても霊魂達は聴きに来ないかも知れないのである。

だから、祖霊に対して、聖経を誦む時には、

1　唯、尊敬と報恩・感謝の念をもって誦むこと。

ただ尊敬と感謝の念をもって、「今まで色々と子孫が受けて来た密れたる御恩、陽なる御恩に対して唯感謝のためにこの真理の御経を霊界に対して放送しますから、どうぞお受取り下さいませ」と誦えて、〝ただ感謝〟の念をもって読誦するがよい。

2　聖経の意味を説明する。

聖経を読む前に、先ず「この聖経『甘露の法雨』はあなたが祖先から伝承して来た××宗の教えの真理を最も解り易く、現代語で書かれたものでありますから、心を集中して此の聖経を聴き給うて、その真理を体得し、霊界に於て解脱を得て神通自在となり給いて仏陀の境

涯に達し給わんことを冀う」と生ける人に語るが如く唱えてから聖経を誦むがよい。そうでないと折角、『甘露の法雨』を誦んであげても、それは他宗教の経文であると誤解して反感を起こして傾聴しない場合があるのである。

3　読誦の時間を定める。

聖経読誦は、毎日一定の時間を決めて、正確に必ず読誦するようにするがよい。霊界には霊的訓練があって、中々多忙であって、毎日不定な時間に読誦しては、残念ながらその聖経の読誦を霊が拝聴することができないことがあるのである。だから、聖経を誦み終わると「毎日〝この時間〟又は幾時に聖経を読誦しますから必ずその時間には来たりて傾聴して下さい」と約束して置くがよい。（『生命の實相』頭注版第二十六巻参照）

●葬祭等に焼香する意義

葬祭にあたって香を焚くのは何故かという問いがあるが、辞書によれば、香を焚くことは本来、仏教の発祥地であるインドでは高温のため身体の分泌物多く、不快の体臭を発するので、その体臭を打ち消すために塗香と共に用いられたのであるが、宗教では、焼香はその香気によって人間的臭気を払って、仏、菩薩その他高級神霊を勧請するために行われることになったのである。

生長の家では神想観中に、人間界では薫香(くんこう)を焚いていないのに、時ならぬ薫香の匂いがすることがある。これは神想観を指導するために来臨された高級霊が、人間界の体臭その他の悪臭の禍(わざわい)を消すために、霊界に於(お)いてあらかじめ香を焚いて、その芳香を衣裳(おめしもの)に移して降臨せられたのが匂うのである。

特に死者の霊を弔(とむら)うため儀式の際に、線香を燃し、香を焚くのは、肉体を脱して他界した霊といえども尚(なお)、肉体の臭気を脱却し切れない者があり、それを導くために法要の際、仏、菩薩を勧請するのには、芳香を焚いて死者の霊魂の体臭を消して仏、菩薩の降臨しやすいようにするためである。(『白鳩』誌昭和四十五年十月号参照)

第二章 ❖ 祖霊の祭祀及び供養に関する諸問題

●弥陀一仏の礼拝について

生長の家では、特別に定めた祀り方はないのであるが、他の宗旨によってはいろいろの祀り方がある。それぞれ宗祖の霊感された形式であることだから生長の家では特にそれを生長の家式に改式なさいとはいわないのである。

ある宗旨の中には阿弥陀如来の仏像（又は仏画）だけを祀って、それを念仏の対象となる阿弥陀仏の象徴として〝南無阿弥陀仏〟だけを称えるという風にして、祖先の位牌などつくらないでよいとする人もある。その祀り方、拝み方にも一理があるのである。

それは親鸞聖人は『歎異鈔』のなかで、

「親鸞は、父母の孝養のためとて、一遍にても念仏まうしたること、いまださふらはず。そのゆゑは一切の有情は、みなもて世々生々の父母兄弟なり。いづれもいづれもこの順次生に仏になりてたすけさふらふべきなり。わがちからにて、はげむ善にてもさふらはばこそ念仏を廻向して父母をたすけさふらはめ。ただ自力をすてて、いそぎ浄土のさとりをひらきなば、六道四生のあひだ、いづれの業苦にしづめりとも、神通方便をもて、まづ有縁を度すべきなりと」

と仰せられているからである。つまり、自分が念仏して、その自分の念仏の功徳が祖先に廻り向うて、それが霊界にいる祖先の救済になるというような考えで念ずる念仏は〝自力の念仏〟だから、それでは他力往生の教えにそむく、だから、そんな自力を棄てて、ただ念仏して自分がいそぎ浄土のさとりを開いたならば、自分が自然に神通方便力ができる。そうならば、父母、祖先、縁類等の霊魂が六道四生を輪廻して、今どの界に於いて、どんな業果としての苦しみに沈んでいても、われらは他力念仏によって得たる神通方便で、まず、自然に有縁のものから救うことになるという意味なのである。

●ただ念仏さえすれば諸天善神ことごとく護り給う

親鸞聖人の『現世利益和讃』には唯「南無阿弥陀仏」ととなえれば、梵天、帝釈、四天王、諸天善神ことごとく護り給うから、別に他神他仏を礼拝する必要がないという風に説かれているのである。和讃全部をここに引用するのは長すぎるのでその一部だけを次に引用する。

南無阿弥陀仏をとなふれば
梵天帝釈帰敬す
諸天善神ことごとく
よるひるつねにまもるなり

南無阿弥陀仏をとなふれば
堅牢地祇は尊敬す
かげとかたちのごとくにて
よるひるつねにまもるなり

南無阿弥陀仏をとなふれば

他化天の大魔王
釈迦牟尼仏のみまへにて
まもらんとこそちかひしか

天神地祇はことごとく
善鬼神となづけたり
これらの善神みなともに
念仏のひとをまもるなり

南無阿弥陀仏ととなふれば
観音勢至はもろともに
恒沙塵数の菩薩と
かげのごとくに身にそへり
（註・勢至は〝勢至菩薩〟のこと）

●親鸞聖人の悟りの心境は

親鸞聖人はその臨終に際して、弟子たちに「わしが死んだら遺骸を鴨川へ流してくれ」と言われて、わしの石牌をつくって祀ってくれともお経を読んでくれとも言われなかったと伝えられている。それは親鸞聖人は、遺骸は既に「なき殻」であって、自分自身は決して遺骸の中にはいないと信じていられたからであろう。そして自分を祀って御経を誦げてもらわないでも、既に生前の絶対他力の念仏の功徳にて、浄土に生まれて神通方便を得ているのだから、他の有縁の人々を浄土に救いまいらせこそすれ、自分が、衆生のとなえる念仏で救われようなどとは思わないという意味だと受けとれるのである。

●祖先供養は是非必要である

ある寺の坊さんが白内障にかかって視力を失って私に指導を求めて来られたので、祖先の霊の位牌をつくり鄭重にお祀りして『甘露の法雨』を誦んで真理の供養をしてあげたら治ると教えてあげたら、「私は僧侶でお寺に檀家の位牌をあずかってお経をあげて差しあげていますが、自分の家の祖先は位牌もつくらず祀ってないのです」と告白された。それで是非、位牌をつくって先祖供養をしてあげるように勧めておいたら、それから半年ほどして大阪で講習会のあったとき、その人が僧服をきて演壇に立ち、祖先の位牌をつくり聖経『甘露の法雨』を読誦したら、このように眼がよく見えるようになったと感謝の体験談をなさった事があるのである。

親鸞聖人のような高い心境におなりになった場合は、その聖徳で一家一門親族縁族まもられて皆救われるか知らぬけれども、上述のような体験が出て来ることから考えると、位牌をつくって、先祖供養をしてあげることが、先祖さまの救いのためにも子孫自身の功徳のためにも是非必要な先祖さまへの御恩報じと思われるのである。

●位牌は何のために造るか

位牌にその人の俗名及び戒名を書いて、一度、それに招霊して祀って置くと、その招霊した霊魂の霊波がその位牌に印象されており、謂わばその霊魂の霊的振動が常にそこから放散されている訳であるから、吾々現世の者が霊界の祖先の霊に『甘露の法雨』を読誦してあげたり、何らかの意思を通じたいときに、その位牌に向って、名前を称えて話しかけてあげると、現世のわれわれと霊界と交信するアンテナをつくることになってよいのである。

だから阿弥陀仏一仏を礼拝する宗旨の場合でも、仏壇の真中に阿弥陀如来の仏像又は掛軸を安置してあるならば、その下段のところに、先祖の位牌を祀ってあげるようにして、「○○家先祖代々親族縁族一切の霊」と唱えてその霊を勧請してからお経をあげて差上げるがよい。

●「真理」の中に祖先の霊を摂取して

大体、仏像を拝むのでも、神棚に榊を供えるのでも、表を拝む人の方へ向けてある。それは拝む人がその仏像をみて、〝南無阿弥陀仏南無阿弥陀仏〟と称えると、阿弥陀仏の御光が拝む人の心の中に入ってきて、拝む人の心が極楽浄土の相となり、阿弥陀仏の心となる、その阿弥陀仏に供花するわけである。そして拝む人の心に描かれた浄土の中に、そして拝む人の聖経の「真理」の中に先祖を摂取するということになるんだから、真宗の人なら真中に阿弥陀仏を置き、下の段の左右に祖先や親族の位牌を祀るようにすればよい。聖経を読んだり念仏をとなえたりするのは、自分の力で唇を動かすのは「自力」だと思う人があるが、唱えられる如来も、読誦される真理も普遍的存在であるから、何も自力の中に摂取するのではないのである。

日蓮宗の人が生長の家に入信すれば

これと同様に、日蓮宗の人なら、〝南無妙法蓮華経〟のお曼陀羅を真中におき、祖先や親族の位牌をその下段左右に並べて、それを礼拝し、お曼陀羅を〝南無妙法蓮華経〟と見詰めて、それを唱題すれば、自分の心の中に、そのお題目が入って来て、その題目そのものの中に祖先が摂取されて救われるのである。〝南無妙法蓮華経〟のお題目ひとつに精神を集中するのもよいが、法華経のクライマックスである〝方便品〟と、〝如来寿量品〟の自我偈には現象は如何に見えようとも、実相は既に救われているという生長の家の説く実相哲学と同じ真理が説いてあるので、その真理の中に祖先霊を摂取してあげるとよいのである。

万教帰一の立場からの祭祀について

こうして、真宗の人は〝阿弥陀仏〟を本尊として祀ってよいし、日蓮宗の人は〝お曼陀羅〟を本尊として祀ってよいし、天台宗の人は〝観世音菩薩〟と〝阿弥陀如来〟と〝薬師如来〟との三尊を本尊として祀り、その本尊を表現する画像又は彫像に心を集中し、いわゆる極楽浄土の実相を自分の心の中に、もち来たすようにする。その心を引出すための対象物として本尊の画像又は影像を祭祀して礼拝するのである。

●本尊や仏像や位牌はただの物質ではない

本尊の掛軸や仏像や位牌などは、単なる物質のように思って、物質を拝んで何になるかという人もあるが、物質でも本尊は信仰の媒体(ばいたい)であり、多年礼拝している尊像にはその礼拝する衆の心がそれに移入され、それ相応の霊がやどっているものなので、みだりに焼いたり棄(す)てたりすると、それにやどっている霊から警告が与えられ禍(わざわい)を受けることがあるから、そんなことをしてはならないのである。

●仏壇や位牌を破棄(はき)した実例

以前に、誌友(しゆう)の息子さんが、或る宗教に入って、本尊を焼いたりしていたら交通事故に遭い大怪我をした時に、生長の家の『甘露の法雨』で救われたという現証(げんしょう)があらわれた事があるのであるが、やはり信仰にも貞操が必要であり、みだりに以前からの宗旨の本尊を焼いたり、棄てたり、改宗したりするものではないのである。

或る人がある宗教に入ったところが、熱心なその宗教の幹部がやって来て、その家の家族が拒むのもかまわずに仏壇を叩き毀し、本尊も位牌も何もかも一緒に海に棄てた。そしてその代りにその宗教の本尊と称する掛軸をかけていった。その家の主人がある晩、海へ魚釣りに出掛けたのである。釣人が、海につき出た石垣のところにたくさん並んでいて、ほかの人はたくさん魚を釣り上げているのに、その主人だけは一尾も釣れない。そのうちに月に光る海の面にゴテゴテ黒い木の破片みたいなゴミのようなものがその人の釣糸のところへ集まってくるのである。もう釣りをあきらめて帰ろうと思って垂れていた釣糸を引き上げるとその糸の先の釣鈎にかかって来た四角な木片があった。よくよく月の光に照らして見るとそれは毀した仏壇と一緒に棄てられたその家の先祖の位牌であった。彼は驚いて棄てられた祖先の霊が再び、子孫の家に帰りたがっているのだと感じたということである。

●神の本質を拝む事と宮を建てることとの意義

金光教祖は「神は宮の中にはいないから、拝みたければ外に出て拝め」と言っていられる。これは尊いことばである。神の御座所はそんな限定されたものではないのである。神は普遍者でまします。

神は宮の中にのみはいないということを知ることが大切であると共に、本当の人間――『神の子』即ち真人は肉体の中にいないということを知ることが肝腎である。しかしそれでは肉体の人間は本物でないからといって、其の肉体人間に不深切にしてやっても、その肉体を毀しても好いかと言うと、そういう訳ではないのである。肉体は『真の人間』ではないけれども、吾々は隣人を愛するのに、その隣人の肉体を通して愛し、隣人をいたわるのにその隣人の肉体を通していたわるしか愛を表わす道がないのである。愛とはその肉体を象徴として肉体ならざるもの、隣人の神性に敬礼し、その実相を引き出し顕わすことである。

それと同じように吾々は普遍的な神が霊であって、有限狭隘な宮の中に閉じ込められてはいないことを知る。知るけれどもその宮を象徴としてそれに信と敬との心を集中して神の霊に敬礼する。この時、普遍無限の神と有限の自己とが、その心の集中を通して一体となるのである。私たちは、ある一物を目標としてそれを神の顕現として心を集中するとき、小さなラジオセットが波長を合わしたが故に普遍的にひろがっている放送電波を受信することができるように、有限の自己に無限を感受して無限と一体となるのである。ある一派のキリスト教では神社や神殿を偶像だと言って軽蔑するが、キリスト自身は神殿を尊敬して、エルサレムの神殿の境内で鴿を売ったり両替する商人を神社の境内を汚すものとして、彼らを縄の鞭で逐い払ったりしていられるのである。

●墓相について

人相でも手相でも墓相でも、好相(こうそう)を備えているのに越した事はない。墓を変える場合、その人の心が好(よ)い方に変れば祖先を大切にしたくなり祖先の墓の象(かたち)も自然に変って来てもよいわけである。ここに「自然に」と私が書いたところに注意していただきたい。墓相の研究家の説にも色々あるが、結局、天地、祖孫(そそん)の秩序を正しくするにある。すべて秩序の崩れることによって運命は衰頽(すいたい)するのである。先(ま)ず心が祖先を尊び祖先に感謝する心を起すことが必要である。祖先を尊敬もせず、感謝もせずただ功利目的で「人為的に」幸福になるために「象(かたち)の方から変化して行く」というのは、馬（心の動力の譬(たと)え）は馬車（象(かたち)の譬え）の前につないで走らすべきものであるのに、逆に馬車を前方に置き馬を後につないで〝幸福の馬車〟を駛(はし)らせようとしているようなもので、順序顚倒(てんとう)であることに注意しなければならない。秩序というのは祖先や父母の墓石よりも子孫の墓石の方を巨大荘厳(しょうごん)に建てるごときは、秩序の顚倒であるからいけないのである。

そうすると、子孫の墓は段々小粒になってしまって祭祀にふさわしくない。そんな時には、祖先父母の墓石を一つにまとめて立派な、自分の経済力にふさわしい五輪の塔を建て、子孫の墓石がそれより小さければ多少大きいものを建てても、それはよい訳である。墓はよく清掃して供花など怠らぬがよい。それは愛と尊敬と感謝の表現であるからである。墓石を取換えないでもよく清掃して、合掌敬礼聖経を読誦することによって、医者で治らなかった病気が突然治癒した実例も沢山ある。それは必ずしも墓石の形に関係なし。墓石は雨期になると納骨が水浸しになるような位置に建てないがよい。

●形の方から工夫して運勢をよくしようというのは

人相も人工的に好相に変えた方がよいだろうと言って、顔の皺や手の筋などを、人工的に整形手術したからとて運勢が必ずしもよくなる訳ではない。整形手術に失敗して却って美貌がそこなわれることもあるように墓石も無暗に他人の墓石を洗ってあげると功徳があると思っていじったことが霊の怒りを買うこともある。どんなことをしても心が変らねば、運命好転は駄目である。心が変れば顔の表情も変り自然に顔の皺の位置も変化するのである。であるから〝幸福になり豊かになって来たから感謝のために、祖先にお礼を致しましょう〟というのでその祭祀の仕方や、礼拝の仕方が丁寧になって来て前とは変化するというのなら、心が先で象がそれに伴うのであるから、生長の家の教えに一致する。祖先に感謝の念もなく、単に物質的な繁昌や幸福を得る手段として、墓石という形を先にかえなければならないと、まるで人生の幸不幸が、「墓石」の形一元論のように説く教えには欠陥がある。何よりも墓石の形が先と言うことになり、心をととのえることを忘れてしまって、経済力もないのに墓を建て直すといって夫婦喧嘩がはじまって困っている人もあるのである。実際そういう人からお訊ねの手紙を頂いたのである。

だから、私はこれを譬えて、馬車を先にし、馬を馬車のアトにつないで馬車を走らせようとする〝前後顚倒〟だというのである。先ず夫婦仲よく、夫の意見を先に立て、夫唱婦和の心になって万事を処理することが肝要である。

●自分の運命は〝心の所現〟である

常に深く真理を会得して「心」を優先せしめて形の世界を支配するようにならなければならない。まだ充分真理に通達しない、生半可通の、実用主義の宗教信者である場合には「心」をかえるよりも、姓名をかえたり、方角をかえたり、家相を心配して改築したり墓をかえて改葬したり、中には印形までも変えたりして、物質の形を優先にいじくり出したりすると、それは迷信になってしまうのである。そして、そんな人は、何を変えてみても自分の運命は好くならないと歎くのである。しかし形ある色々のものを変えないでも、〝心〟を一転せしめれば、自分の運命は〝心の所現〟であるから自然に好転するのである。

聖経『甘露の法雨』には「快苦は本来物質の内に在らざるに、物質の内に快苦ありとなして、或は之を追い求め、或は之より逃げまどう、かかる顛倒妄想を迷と云う……」と示されているのである。

●墓地に住む亡霊は

墓碑に祖先の霊魂が棲んでいるか。また祖先の霊魂が、墓の形状などに関心があるかどうかということを検討してみたい。『生命の實相』頭注版第二十四巻には墓地に浮浪している霊魂は「赤色スピリット」であって、まだ悟っていない霊魂だということが書かれている。『白鳩』誌に連載後『靈界の妻は語る』と題して単行本にまとめられたレジナルド氏の霊界通信に出て来る亡妻マージョーリーの霊は、良人が妻の埋葬の場所として彼女の墓をなつかしがって墓地に行くのに対して、「わたくしが墓地にいるなんて考えないで下さい。あそこはつまらない者たちが行くとこです。それよりも、あなたが机の上に飾ってあるわたくしの写真に対して花を飾って下さるときは、わたくしはそれを感ずることが出来ます」と言っている。

●古神道の一霊四魂の説

日本の古神道では人間の霊を一霊四魂に分けている。一霊とは実相の霊であり、これを直日霊という。総括総攬の純粋霊である。それが奇魂、和魂、幸魂、荒魂の四つのはたらきとなって分化する。荒魂は最も波動が粗大で荒々しい、これは肉体そのものである。古神道が肉体そのものを物質として観ないで霊的な「魂」として扱っていることは興味あることである。だから、墓地に肉体を土葬したり、お骨を埋めたりしたら、たしかに荒魂は墓地にましますわけである。荒魂は物質界を処理する魂であるから、それを換言すれば「墓地は迷っている霊魂がさまよっている所であり、悟っている霊魂はもうそこにはいないのだ」という近代の霊界通信を裏づけることになる。

悟っている魂、即ち叡智の魂は奇魂であって、肉体を脱した時、直日霊に還る。幸魂は家族と共に生活し家に祀られた位牌等を媒介としてそこに鎮まり、和魂は天界に昇って天界を拠点として社会国家のために活動する。

そこで、墓に留まっているのはまだ肉体生活のつづきの意識を持続して悟りを得ない荒魂であるから、その墓の形がどんな形を喜ぶかということは、その亡霊自身がどんな形の墓に執着するか、その執着によってきまるわけである。その人が生前、墓の形に関心があって「こんな墓を建ててほしい」と言っていたのであれば、その形の墓を建てれば満足するのである。祖先が真言宗の人であれば真言宗式に五輪塔(りんとう)を建てればよいし、キリスト教の人であれば十字架を建てれば悦(よろこ)ぶのである。

しかし、墓地に関心のない無頓着な霊魂、あるていど悟りをひらいた荒魂は、墓にはいないで、四魂一体となって自由自在に顕幽両界を往来して、愛他活動をして生活し得るようになるのであるから、墓石の形は別に問題とするに足らないのである。

●墓地又は墓碑を移転したい場合

また、自分の住居から墓地が遠すぎて参詣(さんけい)するのに不便であったり、家を引越すなどの理由で古い石碑や墓石を移したい時には、それを移す前にそこにお詣(まい)りして、お経を誦(あ)げてその石碑又は墓石を移転させていただくという事を奏上(そうじょう)して、霊魂たちの承認を得てから、移転するがよい。墓石が巨大で移動がむつかしいとか何らかの理由で石碑の移転がむつかしい場合には、石碑に鎮まります霊にその由(よし)を申上げて、予(あらかじ)め用意したる位牌に仮りにお移り下さることをお願いして位牌に鎮魂(みたまうつし)して、その位牌を鄭重(ていちょう)に持ち帰り、新たにつくりたる移転先墓地の石碑の前に到りて、その由を奏上し（ノリト又は口頭にて）、位牌から新墓碑に、みたまうつしするがよい。

これ等のことは、粗忽があってはよくないから祖先からの宗派の僧侶又は神官に作法に準って儀式を行なって貰う方が気持がよいであろう。

●宗旨の異る霊魂を一緒に祭祀してもよいか

一つの仏壇に父方の日蓮宗の霊と、母方の浄土真宗の霊をお祀りしても宜しいかとたずねられたことがある。私の家では女中として来た人の先祖の霊も同じお厨子の中に祀って一緒に聖経をあげている。

異る宗旨の親類を集めて法要するときに、ある宗旨のお経を誦げてもよいかという問題がある。例えば築地の本願寺で、何宗の人かわからぬが国家の功労者の霊を招霊して、お経を供養して礼拝するような場合である。生長の家の教えは万教帰一であるから、その祭主が生長の家であり、その心に他宗排斥の心がなければ、日蓮宗も真宗も本来一つという祭主の心が通ずるから構わない。だいたい同じ仏教であるならば一つのものから発したものであるのであって、各宗別々の宗旨などというものは、釈尊のあとから出て来た「我」の産物で、仏教は本来一宗であるのであり、「法華経」を誦げても、「阿弥陀経」を誦げても、「般若経」を誦げても同じ功徳があるわけである。

要は供養する者が正しい信仰をもって行えばよいわけである。特に、生長の家は万教帰一であるから生長の家の信徒であれば聖経『甘露の法雨』を誦げてあげればよいのである。それにて何宗の人々の霊魂も皆救われるのである。その救われた現実の証拠として、何宗の人であっても〝霊の障り〟で罹病していて物質治療で治らない場合、『甘露の法雨』を読誦して霊供養してあげると、急に快方に赴く実例を挙げることができるのである。

●子孫が祖先の宗教と異る宗教に改宗する時

あらゆる宗派は、別異のように見えても、釈尊の教説である限り同じ仏教である。他宗だとして争うのが間違である。実例をもって言えば、曹洞宗の悟りも日蓮宗の悟りも結局は同じ事である。曹洞宗の悟りは結局「実相」を把握するところにあるのであり、日蓮宗の根本は吾が生命を妙法蓮華経の「妙法」という大実在に帰するところにあるのである。その『妙法』が実相である。実相を悟れば吾が生命は「妙法」と一体である。宇宙に満つる法体である。霊妙不可思議な自由自在なものこそ吾が生命である。日蓮宗の「妙法」と言うものが、悟りによって祖霊自身の生命の上に把握されたら「生長の家」で言う「神の子たる生命の実相」が把握されることになるので、誰にどんな形式で祀って貰わなければならないという必要もなくなるのである。或る一定の形式で祀って貰わねばやり切れないというようでは、自由自在な己が「生命の実相」が把握されていないのである。

併し人間は皆までその境地のサトリに達している訳ではない。完全なサトリは円相であるけれども完全でないサトリは何処かに片寄りがある、その偏寄が流派となり宗派となって現れるのである。この偏寄がある限り、肉体を脱して霊魂になっても彼は一つの宗派をもっている。霊魂も吾々同様一個の人格であるから、生前にもっていた宗派を死後の悟りの程度によって改宗することもある。子孫が切実に一つの他の宗教に改宗したい内的要求に駆られた場合には、祖先の霊魂の思念が子孫に感応して来ている場合も多いのである。そういう場合には子孫の内的要求にピッタリする宗派の形式でお祀りしてあげれば宜しいが、子孫の方が曹洞宗が嫌いで日蓮宗が好きだと言っていられる間は、まだ信仰に偏寄があると思われるのである。

●長男以外の者でも先祖をお祀りすべきである

「わたしは三男だから、五男だから、お仏壇もないし、神棚もないので、御先祖まつりもしていない」という人が時々あるが、それはよろしくないのである。あらゆる人に、必ず御先祖はあり、先祖あってこそ人間は生まれて来たのであるから、子供がまだ成人しないで親の家に居る間は、その家のお仏壇や神棚を礼拝していたらよいのであるけれども、二男でも三男であっても、一人前となって、自分の住居を持つようになれば、各自の家庭で先祖祀りをしなければならないのである。

それは感恩報謝の心の問題であり、祖先の霊が長男一人の供養でたとい満足しているとしても、子孫たるものは一日一回ぐらいは祖先のことを思い出し聖経読誦によって、祖先に真理を供養して差上げるべきである。二男も三男も、いずれも御先祖のお蔭で今生かされているのであるから、長男だけが感恩報謝をしたらそれでこと足りるというわけはないのである。先祖まつりもせず、感恩報謝の心なく先祖の仏壇や墓などを見苦しい状態にして平気で捨て置くような心懸けでは、運命が好転する筈(はず)がないのである。

●供養の心と供養の実践

時には「供養の心さえあれば供養は要らないではないか」という人があるが、併し心があれば、行いが自然と現われることになるのである。祖先を大切にする心があれば、自然にお祀りを大切にする訳である。心があれば何もしなくてよいというのは、心がないという証拠である。たといお坊さんであって他家の祖先の位牌を預って祀っていて毎日読経をしていても、自分の祖先に対してお祀りと供養がなされていなかったら、先祖供養をしたことにはならないのである。

●自宅の霊前でする聖経読誦

近くに集団神想観の集いや聖経読誦の集まりがあり、それに参加して、そこで聖経を読むことも好い。併しそうした忙しさのために、自分の家の先祖や本尊に対して聖経を誦げることを止めている人があるが、これは感心しないことである。先ず自分の家の本尊や先祖を大切にし、充分供養を行った上で、その上奉仕をするために他家の家で神想観したり聖経を誦げるのはよいけれども、自分の家の先祖を放置しておくのは本当ではない。

他家の家の仏壇で『甘露の法雨』を誦げれば、そこの先祖は喜ばれるが、自分の家の先祖はそこに来られていないから、やはり自分の家で読誦することが必要である。たとい集会の席で、集まっている各自の祖先の霊を呼び出しておいても、招霊されたら其の各自の先祖の霊も来られるとは思われるが、時として遠慮されて来られない場合があるかもしれないし、狭くて入れないので、すぐにお帰りになるかも知れないので、自分の御先祖には自宅の仏壇、神棚、お厨子等に祀って聖経を読誦するがよい。

●早朝の最寄会で祈りや聖経読誦する場合

先祖供養の聖経を自宅の祭壇の前で読誦をするのは、自分の先祖の霊は、自分の家で供養して差上げるのが当り前であるということである。

早朝の最寄会などで、「世界平和の祈り」や集団神想観をする場合は、会場に集まるのに時間のかからない距離の、近所の三人乃至十二人位の少人数で集まると、往復に要す時間が少いので、便利である。最寄会が済んでから、家へ帰って自分の先祖を礼拝することも聖経読誦もできるのである。

●本部、教化部、道場の早朝行事の意義

生長の家本部や各地の教化部、道場等に朝詣(まい)りをして、神想観をし、世界平和の祈りを集団で厳修(げんしゅう)し、『甘露の法雨』を誦(あ)げるのは、自分の先祖を供養するために、自宅の祭壇に向って聖経を誦げるのとは、意義が違うのである。本部は実相の世界の神様の地上的顕現として、本尊があそこにいらっしゃるところであり、教化部や道場はその本尊の分霊が「實相」の軸又は掛額を縁として来臨せられてありそこに、早朝神想観に来る人は、本尊の霊気をうけて、自分が神想観をして、霊気を吸収して、みずからがお蔭を頂くと共に、宇宙的、国家的意義をもって、世界平和の祈りをするのであり、その儀式として、参詣者(さんけいしゃ)が本尊に礼拝して、本尊の前に安置されている誠魂(せいこん)を奉安(ほうあん)せる宝筺(ほうきょう)に対して『甘露の法雨』を誦げ、各自の聖魂の悟境の向上に資するという目的で集まるのである。だから、自分の家の祭壇で祖先を供養するために聖経を読誦するのや最寄会の個人宅で集まるというのとは意義が異るのである。

●ある種の霊魂を祭祀するのと本当の神を祭祀するのとは異る

ある種の「霊魂」（四天王の如き天界の諸神および眷族(けんぞく)として奉仕する動物霊をも含む）を祭るとい

うことと、本当の神を祀るということとは異(ちが)う。ある種の「霊魂」がお宮に祀ってもらい、聖経読誦によって真理の言葉を供養され、或(あるい)は毎日の糧(かて)をお供(そな)えとして布施(ふせ)されるためにその家や家族をある程度まで守護することがあるのは、われわれがシェパードに棲(す)む所を与えてやり、毎日の食事を与えてやれば、シェパードがその家を護(まも)り、家族を守護するのと同じことである。

「霊魂」というものは肉眼に見えないけれども、霊眼その他の方法で視(み)れば、われわれ個人個人と同じように個別的な霊体をもって存在しており、おのおの我執(がしゅう)をもって存在し、喜ぶ場合もあれば、腹の立つ場合もある。喜ばせれば守護もし、謝恩的にわれわれをも助けてくれるが、今まで守護してやったのに、その主人が自分を排斥したり、粗末にしたり、社(やしろ)を毀(こわ)したりすれば、憤慨したり、怨みに思ったりして、復讐的にわれわれに害を与えることもありうる。だといって、その害を恐ろしいといって、万物の霊長たる人間がその他の霊魂に媚(こ)びる必要もないのであるが、せっかく今まで祀ってあって守護神として奉仕したる霊魂を軽蔑したり、宮を破毀(はき)したりするのは忘恩的であるから報いをその人が受けても、それは「与えた通り与え返される」法則によるのであるから仕方がない。祀られている霊魂は祀られている霊魂としてそれが天神であろうが、動物霊であろうが、そのまま尊敬してていねいに取り扱ってあげるのがよい。それが、天地一切のものに感謝せよという教えにかなうことになり、祀られている霊をも生かし、同時に自分をも生かすことになるのである。そこにわれわれの心の中に「愛」が生きてくる。この「愛」が神であって、そこに本当の神が自分の心のなかに祀られたことになるのである。

●自己の内に生きる本当の神

〝本当の神〟というものは、此処(ここ)に見よ、彼処(かしこ)に見よというように肉眼でも霊眼でも見えるものではない。見えるのは一個の差別的存在であるが、差別と差別とが一緒に融(と)け込む「愛」という連結のなかに神はいますのである。〝本当の神〟というものは差別を絶した全体であるから、われわれの行いや心持ちが差別的な境涯を脱したら、その程度に従って神がハッキリとあらわれるのである。そこに本当の神が生きてくれれば、もうわれわれは恐れる必要はない。どんな悪霊が祟(たた)ってやろうと思っても、自分自身がその祟りの怨念の波長を受けるラジオの受信機にならないからもう恐れる必要がない。何かを恐れるとその何かを受信しやすい精神波動を自分自身のなかに作ることになるから恐れないがよろしい。

いろいろの霊魂を祀ってもあながち悪いことはない、ただそれは第二義の信仰であって、本当の信仰の対象とすべきものではない。こちらのやり方によって、怒ったり、罰をあてたり、復讐したりするような個別霊を信仰の対象としていると、相手は肉眼で見えない「霊魂」のことであり、こちらからこうして祀っているのが気に入っているのか気に入っておらぬのかわからぬから、常に仏罰又は神罰を受けるかと思って戦々兢々としていなければならぬ。それでは信仰というものが心の平和の礎とはならないで、却って心の不安の原因になってしまうのである。〝本当の神〟を信仰すれば恐怖がない。その境涯を仏教では無畏の境涯と称している。〝本当の神〟は自己の内に宿る〝神の愛〟であるから、そしてそれは一切のものを拝み、一切のものと和解することになるから天下無敵となるのである。この事をキリスト教の聖書には「完き愛には恐怖なし」と示されている。

●高津神その他、動物霊魂の祭祀

高津神というのは天狗のことである。それは本来修行を積んで相当に神通力を得た人間の霊魂であるが、正しい霊魂の進化の道から外れた方面に進化した霊魂であり、その眷族には木葉天狗、嘴天狗などという鳥獣の霊魂も含まれている。古人のえがいた図絵にそれらの霊の姿が描かれているが、それは必ずしも出鱈目の空想画ではなく霊眼のひらけた古人が霊視した姿である。

正しい進化の道から外れたという意味は、人間で言えば、侠客とかやくざの親分というような心境のもので、自尊心が強く、高慢であり、侠気があって、助けてくれたりするが、その代り、その守護を受けておいて裏切ったりすると祟ったりするのである。そのような像が以前から祀られているならば廃棄しないで祀りを継続してあげればよい。

窮屈な家の中に閉じ込めて祀るよりも、〝地祀り〟にして広々とした処に出してあげる方が宜しい。アパートでは地面がないかも知れないが、庭のある家ならば、地面の上に祠を建てて祀るのが〝地祀り〟である。その像の入るだけ位の大いさでよいから、適当な祠を建ててあげて、お祀りしてあげると、その霊は喜んで感謝し、いろいろとそれに報いる福徳を廻向してくれることがある。祭祀したら毎日お米と野菜とお水を供えてあげるがよい。その物質を霊は食しないが、その〝愛念〟を食し給うのである。

また、生前に可愛がっていた犬や猫などが死んで、祀ってやりたい場合は、庭に小さな祠を設けて、その中に招霊してその名前を唱えて、聖経を誦げてやるとよい。そういうペットとして愛しておった動物達は、飼主だった人が霊界に行くと、また随従してペットとして霊界で仕えるものである。それは互いの愛念によって結ばれているからである。

●火葬・埋葬と〝生まれ変り〟の関係

火葬による場合よりも土葬による場合の方が、その霊魂の地上生活へ復帰のアンテナになる前生涯の遺物（肉体）が大地に還元しているために、より一層〝生まれ変り〟に便宜であって、はやく生まれ変って来ることが出来るのである。火葬にせられた場合は、地上と霊魂との間をつないでいる媒介となる要素が、燃えてガス体となって消散されてしまっているが故に、再び地上に生まれ変って来るのにやや困難となる、それを努力して生まれ変りの条件を整えるために、それだけ生まれ変りの時期を遅らせることになるのである。火葬に附した場合は、その骨壺をすみやかに土中に還元してあげるならば、火葬によって断ち切られた地上と霊魂とをつなぐアンテナを或る程度復活したことになるので〝生まれ変り〟に便利となる。骨壺を仏壇の前や本箱の上などに置いて、故人を懐かしがっている心境には同情できるが、それは霊魂そのものにとっては、いつまでも地上との連絡のアンテナが回復しないので、寧ろ気の毒だというほかはない。

鉄筋コンクリートでお骨を葬る小室を区分したアパートを建築し、周囲がコンクリートの箱で、地気に接触不能の室中に骨壺を安置するなどは、永遠に生まれ変りの地上連絡のアンテナを遮断することになるから、人口を殖やさないためにはよいかも知れぬが、生まれ変りたい霊魂にとっては甚だ迷惑なことである。お寺経営の経済政策でこのようなことをやるのには賛成できないのである。長崎県西彼町の生長の家九州別格本山は土地が広いから適当な霊園をつくることが計画の中に入っている。

既にあらゆる方面の修練を積み、魂が各方面から研かれて、再び生まれ変る必要のない謂わば仏陀の境涯にあるとも言うべき最高級の霊魂以外の霊魂は、生まれ変って地上に誕生したくって仕方がないのである。何故なら地上生活は、人間と生まれて地上生活を営まねばどうしても得られない色々の問題について霊魂が実際問題に即して勉強するところの生活学校であるからである。今生きている人間が自分の福祉のために生まれる人々を抑制したがるのは別として、霊の発達向上という上からいうならば、計画出産などということも、地上への生まれ変りの道を計画的に一時断ち切るのであるから、折角生まれて来つつある霊魂を、胎児の人工流産によって遮断するにも似た正しくない行為だといわねばならぬのである。

●自然流産と人工流産の相異

自然流産は、その宿っている霊魂が、子宮内に於ける体験を意識的に経験してそれを卒業し、もう再びその体験を継続する必要のない場合に、その霊魂が母胎から去るのであるから、何ら不自然なことはないのであるけれども、人工流産は、折角生まれ変る必要を感じて受胎して来た霊魂を強制的に霊界に復帰せしめるのであるから、これは大変な霊魂に対する冒瀆であり、大いなる罪を重ねしめることになるのである。それは恰も、大学へ首尾よく入学した学生が勉強の最中に、本人の過ちにもよらず、本人の意志にもよらず、強制退学を強行せしめられるようなものであって、その霊魂は非常にショックを受けるのである。（『白鳩』誌昭和四十二年九月号参照）

●死の刹那に念送された想念はある期間個性的に存続する

私たちがある人又は目的に関して精神を集中すると、〝精神波動〟即ち〝念波〟がその方向へ送られるのである。それはラジオの放送のようなものである。その念波が稀薄なときは、中波のラジオの放送電波が太陽光線で破壊されて遠距離にとどかないで消えてしまうと同様に消滅してしまうのであるが、強力な念波はその相手のところへ行って或る感応を生ぜしむるのである。遭難して将に死のうとしている人の、家族を切に思う念が家族のところへ到達して姿をあらわすことが往々にあるのがそれである。家族はその時、その人の夢をハッキリ見る。あとで調べると、その夢を見た恰度同時刻に彼の船は難破して彼は遭難死を遂げていたなどの事実がある――これなどは念の強力な波が放送せられて一種の霊魂的姿をあらわしたのであって、念霊の一種である。しかし、念霊は、その人の霊魂全体ではない。それは霊魂から放射された波動の具体化であるから、念が目的を達したら普通消えてしまうものであるが、しかし強力な念の波動は、稍々長期間その具体化された姿のままその人格的存在を継続する。たとえばAがBに対して「非常に憎い」と思って慍りの念波又は呪いの念波を起こすと、それが「念霊」となって本人（A）とは独立して存在しており、A自身は、もうBを宥してしまっていても、その呪った時の「念霊」は本人とは別に離れてBに対して復讐を行ない、禍を与えていることがあるのである。

　これは肉体の自分が相手を赦しているのに、遣わされた家来（怨念）がいつまでも怨みを持ちつづけて、仇討をしなければならないと相手をつけ覘っているような恰好である。このような念霊は、一種の〝業力〟の具体化であって、敵意をもつ念霊が殖えれば殖えるほど、この世界に禍が一層多く生ずることになるのである。度々交通事故が起こる踏切や高速道路の或る場所にかぎってまたしても衝突事故が起こるなどの事は、そこで死んだ人の死の刹那の強力な念がその場所に止まって所謂「念霊」として存在し、その念霊が死を誘って交通事故を起こすことになるのである。日本の交通事故の多いのも、堕胎児の死の刹那の怨念が、大人に恨みを返すために禍(わざわい)していると解釈できるのである。

このような「念霊」を消して禍を無くするのには「悪本来無し」の真理が説かれてある聖経『甘露の法雨』をその念霊の本体である相手の名前をとなえて読んでやるか、交通事故の起るところに小さな祠(ほこら)をつくり、その念霊を祀(まつ)って『甘露の法雨』を誦(あ)げて供養してあげるようにするとよい。ブラジルのアサイ市で講習会があったとき、滝波(たきなみ)さんのお宅で泊めて頂いて、その講習会場へ行く途中の曲り角のところに小さな祠があるので、「これは何をまつった祠ですか」と訊(き)くと、ここに珈琲(コーヒー)園の持主の家があったが強盗におそわれて惨殺(ざんさつ)された。それからこの道を走る自動車やトラックがこの地点まで来ると、突然顛覆(てんぷく)して死傷者が絶えないので、生長の家の誌友があの祠を建てて殺された人の念霊を祀って供養し聖経『甘露の法雨』を読誦して以来、全然交通事故が起らなくなったとの事であった。殺された人の念霊が『甘露の法雨』の読誦によって成仏して消えたのであった。

●「一人(いちにん)出家すれば九族天に生まる」

「あんたの祖先が迷っているから、祖先の霊を十代まで溯(さかのぼ)ってその名前を知り、それをいちいち祀って聖経を誦げなければ、この病気は治らない」などと教えられて、その通りにして病気が治る場合もある。しかしそんな事をしても治らない時もある。それは直系の後継者――謂わば代々の〝戸主〟又は〝所帯主〟の霊だけなら十代溯って祖先を祀っても十人だけ祀ればよい訳だが、迷っているのは、そんな直系の戸主に当るような立派な位置にあった人の霊魂よりも、誰もかまってくれなかったような傍系の忘れられた人々の霊魂の方に多いのである。

しかしそのような名もない傍系の親族縁族の名を探し出して一人一人それを祀るということに若しすれば、それは大変な数になって、何万何千の位牌をつくって祀っても尚、及ばないということになるのである。それで、こうして沢山の霊魂を祀ってあげても病気が治らないとすると、更に、色々の霊魂を探しだそうとして、心がそれに引っかかって、二進も三進も行かなくなる――こうなると、祖先の霊魂自身よりも、その人自身が迷っているのである。「莫妄想!!」と一喝するほかはない訳だ。

仏典には「一人出家すれば九族天に生まる」という聖句がある。九族とは高祖・曽祖・祖父・父・自己・子・孫・曽孫・玄孫の各九代にわたる親族のことである。「九族が天に生まれて」天人歓喜常楽の生活を営ましめるためには、九族の名前をいちいち呼び出して祀るということが必ずしも必要ではないのである。自分自身が出家することが必要である。〝出家する〟とは必ずしも、家を出て僧侶の修行をすることではないのである。真理を悟って、俗世間に生活しながらでも、維摩居士のように自由を得るということである。俗世に処しながら、その俗世の生活が真理によって超出した境地で、「菩薩心浄ければ仏土浄し」の浄き世界に住み得ることである。自分ひとりがそのような悟境に入れば九族悉く天界に生まれるのであるから、「迷っている霊はひとりも無い」ということになるのである。「あの霊が迷っているのではないか」と〝迷い〟に引っかかるより先に自分が迷っていないようになることが大切である。（『生長の家』誌昭和四十六年十一月号参照）

祖先供養及び霊魂祭祀の祭式及び儀礼

生長の家は万教（迷信教以外の）にはいずれも真理ありとみとめるので、それぞれの宗教の儀式の伝統を尊んで他宗の祭祀の仕方を批判するつもりも、改式を勧めるつもりもない。霊魂祭祀の問題は形式や儀式作法よりも、霊的理解を得る事をもって中枢的な事項であると思うからである。

併し、父母や兄姉等は既に仏壇又はそれぞれの宗旨の形式に従って祖先の霊魂を祭祀していられるのに、自分は次男三男……等々であるから祖霊祭祀の必要はないと思って祭祀してない人が、生長の家の教えに触れて、子として孫として祖先の霊を供養することが人間としての道であり、それは祖先の諸霊自身は既に悟りをひらいていられて、「別に経文の功徳などいらぬぞ」と思っておられ、親鸞聖人のように「大きな寺を建てるな。わしが死んだら鴨川へ流してくれ」といわれても、祖先を尊敬し愛し感謝する子孫の誠心のあらわれとして、やはり、子孫各自は祖霊を祀って拝みたいと思い始めて新たに生長の家に祖先を祀りたいという人のために、その形式や順序を次に書いておくことにする。

●新たに霊を祭祀し先祖供養する場合の順序方法

1　位牌を作る

清浄な木材（又は紙）で造った四枚の位牌をつくって、それに左の如く家の一族の総名を書く。死後の五十年未満の人の霊のために位牌の裏側にその人の帰幽の年月日及びその名を書く。本人が死の直後で、まだ無意識中に解脱名を授かったことを知らぬ場合があるから、俗名を書くがよい。

○○家先祖代々親族縁族一切之霊　父方
○○家先祖代々親族縁族一切之霊　母方　（夫の）
○○家先祖代々親族縁族一切之霊　父方
○○家先祖代々親族縁族一切之霊　母方　（妻の）

右四つの御先祖の親類縁者の内、自殺、事故死、戦死等の変死者、行方不明者、まだ祭祀しない自然流産児及び人工中絶児、狂死者等ある場合は、死後五十年後であっても特に左記の如く別に位牌をつくって、姓名を書くとよい。（俗名の下に尊号の命をつけて呼ぶがよい。法名又は解脱名が既にあるものは、俗名何某、解脱名何々とつづけて呼ぶがよい）流産児及び中絶児は性別不明のことが多いので、「薫」とか「操」とか男女いずれにも適する名前をつけるがよい。例えば次の如く位牌に書く。

○○○○比古命之霊（男）
○○○○比女命之霊（女）

2　御飯、お水、その他その人の生前の好きそうな食物を供える（献饌）。また焼香は地上の不浄な臭い匂いを消して指導のために来る天界の高級霊を迎えるのに役立つ。

3　招霊

右四つの先祖代々の霊を順次呼び最後に「其他親類縁者一切之霊」と呼ぶ。

4　聖経読誦

次に聖経『甘露の法雨』及び『天使の言葉』を読誦するが、その前に次の如く、唱えるがよい。

「唯今、これより生長の家の『甘露の法雨』という聖経を読みます。この聖経はあなたが祖先代々伝承して来られた××宗の教えの真理を最も解り易く現代語で書かれたものですから、心を集中して此の聖経を聴き給うて悟りを開き、仏の境涯に達し給え。今後は毎日この時間に読誦いたします」

この前置の言葉がないと、折角、聖経を読んでも、他宗のお経で自分は聴く必要はないと招霊された霊が去ることがある。読誦の時間を約束しておくのは霊界での修行時間と衝突せぬ為である。

5　読み終ったら次のごとく唱えるがよい。

「貴方達は今聖経の説く真理を知り、既に肉体を脱して自己は肉体ではないのだと悟られました。霊体なのです。肉体がないのですから、肉体の病気も肉体の苦しみもない筈です。どうぞこの真理を充分お悟り下さり一切の迷いの束縛から解脱し益々霊界の修行を重ね給いて一層高き霊位に昇り給え」

聖経『甘露の法雨』は一回読むのにゆっくり読めば三十分、大急ぎで読めば十五分間ほどかかるので其時間を作り、少なくとも一日一回以上朝晩一回宛位御先祖に感謝のつもりで一家協力して読むとよい。もし家庭内に強い反対観念を持っている者があると、その功徳が消されてしまうことがあるので成るべく家庭一同に、生長の家が万教帰一で、どの宗旨にも反しないので反対する理由がないことを理解してもらい聖経読誦に協力してもらう事が必要である。

●毎日の祖先礼拝の注意

私達日本人の祖先は天皇中心の愛国者であったので、その様な祖先の霊魂の冥福と守護を祈願する時、皇霊を遙拝し時間の許す限り〝大日本神国観〟の神想観を厳修されるがよい。

『生命の實相』頭注版第二十八巻には「毎朝、皇霊を遙拝し奉り、次いで一家の祖先の霊魂を祀れる祭壇または仏壇の前に坐してその冥福と守護を祈願し……」と書かれてある。

●誌友会等にて先祖供養する場合

一、礼拝
二、招神歌（四首）

次に招霊の言葉――

「〇〇家先祖代々親族縁族一切の霊（〇〇家は誌友会担当の当家の家名を入れる）並に今夜（今日）ここに御出席の方々の先祖代々親族縁族一切の霊たち」

と唱える。更に特にある人の霊の冥福を依頼された場合にはその俗名又は法名を呼ぶがよい。そして次の如き祝詞を口述又は朗読する。

●聖経供養の詞

「ここに誦し奉らんとする聖経『甘露の法雨』及び『天使の言葉』は仏教・キリスト教・神道などすべての善き宗教の神髄を今の世の言葉に書きあらわされたるものなれば、この真理を傾聴し受け給いて〝神の子〟としての円満完全なる実相をいよいよ明らかに自覚し給い、実相を顕現して、より高き霊界の御位に進み給い、我等の現象生活を護り給うとともに子々孫々の弥栄に国家興隆、人類光明化、地上天国建設の聖業を弥益々に導き給えと希い奉る」

以上は誌友会などにて、誌友会開催のお宅の仏壇の前、又は祭壇はなくても、招神歌の次に、集まれる人達の祖先霊の冥福を祈るべく呼び出してから右の如く祝詞を唱えてから聖経を読誦せられるがよいのである。

最近人工流産児の供養の仕方に関する質問が多いのであるが、これについては特別の変った形式はありません。宇治別格本山で霊宮聖使命会に流産児の霊を加入せしめ、永代供養を求められた場合は「実相妙楽宮地蔵○○童児」の解脱名を頂いている。○○と適当な名前をつけてあげるのです。親がその名をつけてあげると宜しい。

また、流産児の場合、自宅で何ヵ月かおまつりして後、宇治に合祀すべきか、それとも自宅で続けた方が良いのかなどの質問もありますが流産児も家族の一員ですから、自宅の仏壇にその位牌を媒介にその幸魂をいつまでもお祀りし、宇治の宝蔵神社にはその和魂が永代に祀られる訳である。

●古い墓石の処理について

家族が移転するのにともない、墓石を移動させようと思っても、古い墓石が巨大であるとか、何らかの理由で移動不可能の場合には、新しい墓へ丁寧に〝みたまうつし〟の祭典を行なって（本書五二頁「墓地又は墓碑を移転したい場合」参照）その墓石の霊に向って移動の所以を申上げて、霊を遷し奉り、その後に残された古い墓石は、寺やしかるべきところに処理をお願いするか、または清浄な場所か、墓石が粗忽なあつかいや不浄の場所に使用されないように配慮して、自然に風化して土に還るようにしてあげるようにすればよい。

〝みたまうつし〟の祭典を行なって新しい墓石に祭祀した以上は、既に旧墓石には霊の本体は不在である筈であるけれども、今までその墓石を媒介として吾々と顕幽の交通をしていた墓石であるから、その墓石にはその祭祀されていた人の念波が印象されていること、恰も、テープ・レコーダのテープに声が録音されているようであり、その念波は相互感応力をもっているから、旧墓石に対して不浄事や侮辱になるようなことが行なわれると、その人の霊に感応して何らかの不祥事を起す可能性があるからである。

その可能性の実例としてあげれば、ベルギーの文豪メエテルリンクがその晩年に行なった心霊現象のうちには、一人の婦人を催眠状態に導き、霊波に感応し易き状態にしておいて、別室から彼女に知られないように彼女の写真を引き掻くと、実物のその婦人の皮膚の同じ場所に掻き傷のミミズ脹れができたのである。

立派な大きな御影石で、旧墓石の文字を削って使うならば立派な工作品が出来るような墓石であり、そういう立派な目的に利用されることは本人の霊も満足なことであろう場合には、石屋にそれを売却して使って貰うこともできる。

● 数歌の意義及び由来について

数歌は招霊の際唱えるもので、それは招霊する人が専心その名指す霊魂が集まって来ることに精神が統一して、招霊の助けとなる波動を起こすためである。

これは古神道から発したもので、心をしずめ身をきよめ、祭式を行なう場所をきよめる働きをもするものである。

この数歌の由来は、天宇受売命が帰神になられて唱えられた処による。これは天地創造進化の秩序を数に準って謳ったものであるから、天地創造の神の秩序が言に従って顕現するので、潔めのはたらきをするのである。招霊の際に先ず祭官は位牌その他、霊の憑り所となる霊代に向って端座し「…年…月…日を現世の限りとして幽世に帰りましし何某の霊」と唱え、次いで左の如くとなえるのが数歌である。

「一　二　三　四　五　六　七　八　九　十　百　千　万」

また次の如く数歌をその内包する意義に従って、漢字を振り当てて説明する人もあるが、私は必ずしもその全部に賛成するものではない。

「霊交　活力　体　因　出　燃　地成　弥　凝　足　百　千　夜出」

招霊さるべき霊の名前を〝俗名何某、解脱名何某〟と唱え終ると数歌を唱え、この順序を繰返すこと数回、招霊されてその霊、今此処に降下り来れるという感じがして来たとき合掌せる指の先端を霊代に向け、「この霊代に鎮まりませ」と唱えてから、〝イユーッ〟と気合を掛けると、指先から発射される霊的放射によって、招霊された霊魂の霊糸の一部が霊代（位牌）に吹きつけられ霊着して、今まで顕幽両界の連絡が無線で行なわれていたものが、位牌を媒介として有線電導の如き一層緊密なる顕幽の霊交が可能になり、位牌に向って話しかければ、相手の霊にすぐその意味が伝わるようになるのである。

数歌は、意義に従って適当な意味の漢字を私が当て嵌めるとすると次のようになる。

「一霊　陰陽　三位　倚　出生　萠（睦）成就　弥　凝　足　百　千　万生成」

一霊は、宇宙普遍の根元の霊であり給う。その根元の神霊が陰陽の〝二つ〟に剖判（ぼうはん）し、その陰陽と根元の一霊が三位一体を成すのが〝三（み）〟である。その陰陽が相寄り相結ぶのが〝倚（よ）〟（四）である。陰陽相倚ることによって次なる生命が出生する、これは〝出づ〟（五）である。その出生した生命が、萠え繋り睦び会う。これが〝萠（むゆ）〟又は〝睦（むつ）〟（六）であり、萠え繋り、睦び会いて万物は成就するのである。これが〝成就（なな）〟（七）である。〝就〟も〝なり〟と訓読される。〝七〟をもって完成の数とせられ、実相宇宙の創造が七日を以て完成したと「創世記」に説かれているのも、この天地創造の秩序の表現である。

それが弥々（いよいよ）多く（八）の霊的原型（理念）が完成し、それが現象界に凝結固成（九）して現象界の事物となる。その現象界の事物のある時点に於ける満足の状態が〝足（たり）〟（十）であって、こうして更に創造が繰返されて百千万と一切の万象（よろずのもの）がその個性を顕現しつつ無限に創造されて行くのである。

この故をもって数歌は天地創造進化発展の秩序を表現したものであり、その秩序に同調して生命の営みが行なわれるとき、天地が浄化されるのである。霊の祭祀に招霊の際に唱えられる所以（ゆえん）である。

第三章 ❖ 霊と霊魂について

『甘露の法雨』講義〝霊〟の項

（『生命の實相』頭注版第二十一巻より）

霊

感覚はこれ信念の影を視るに過ぎず。
汝ら霊眼を備えて霊姿を視るとも
実在を視たるに非ず、
感覚にて視得るものは
すべて心の影にして第一義的実在にあらず、
霊姿に甲乙あり、

病める霊あり、
苦しめる霊あり、
胃袋もあらざるに胃病に苦しめる霊あり、
心臓も有たざるに心臓病にて苦しめる霊あり、
これすべて迷なり。
斯くの如き霊、人に憑れば
憑られたる人或は胃病を顕わし、
或は心臓病を顕わす。
されど霊覚に映ずる
さまざまの苦しめる霊は、
第一義的実在にあらず、
彼らは誤れる信念によりて
流転せる迷の影なり。
迷い迷いて流転せる心は
その信念が形となりて仮の相を現ずべし。

されど如何に相を現ずるとも
仮相は永遠に仮相にして実在となることを得ず。
汝ら、実在にあらざる物を恐るること勿れ、
実在にあらざる物を実在せるが如く扱うこと勿れ。
実在にあらざる物には実在をもって相対せよ。
真にあらざるものには真をもって相対せよ。
仮相に対しては実相を以て相対せよ。
闇に対しては光をもって相対せよ。
非実在を滅するものは実在のほかに在らざるなり。
仮相を破るものは実相のほかに在らざるなり。
虚妄を壊するものは真理のほかに在らざるなり。
闇の無を証明するものは光のほかに在らざるなり。
彼らに生命の実相を教えよ。
彼らに生命の実相が神そのものにして完全なる事を教えよ。
神はすべてなるが故に

神は罪を作らざるが故に
神のほかに造り主なきが故に
此(こ)の世界に犯されたる罪もなく
報いらるべき罪もなきことを教えよ。
三界の諸霊
三界の諸生命
この真理を観じ、
この真理をさとりて、
一切苦患(くげん)の源となるべき
顛倒妄想(こころのまよい)を摧破(さいは)すれば、
天界の諸神(しょじん)ことごとく真理の合唱(コーラス)を雨ふらし、
現世(このよ)の生命ことごとく光りを仰ぎ、
惑障(わくしょう)ことごとく消滅し、此世(このよ)はこの儘(まま)にて光明世界を示現せん。

「霊」とここにあるのは「霊魂」のことであります。霊魂という場合は普遍的霊ということではなく、なんらかの体を備えた個別霊のことであります。仏教は「無我」の教えでありますから、「霊魂」というものを第一義諦としては認めないのであります。生長の家でも、先刻説明しましたように、第一義諦としては迷う「我」も極楽へ行く「我」もないというのでありますけれども、現世、霊界等のスクリーンに投影された念像が、ちょうど活動写真の銀幕上に躍っている人物のように、個別の姿をあらわして見えるのが、現世の銀幕においては肉体であり、霊界の銀幕においては霊体であります。この霊体を現わしている仮我を、霊魂というのであります。霊魂という実体が実在するのではない、その正体は念の波によって、そこに実在するかのごとくあらわれている活動写真のごとき映像であります。神想観を実修しまたは、その他のいろいろの精神統一法を実習せられた方には、往々、霊魂の姿を見た、それはこんな姿をしていたなどと言われる方がありますけれども、これは、本当にそんな姿をしているものを見たのではなく、ただ念波をテレビジョン式に形に翻訳して見るのであります。前節に五感、六感という言葉がありましたが、五感というのは眼耳鼻舌身という五官にて感じられる視覚、聴覚、嗅覚、味覚、触覚等五つの感覚をいうのであります。六感というのは、これら五種類の感覚のほかに、第六感といって、五官によらずに、五官にかからぬ種類の精妙な波を感受する霊的感覚であります。第六感もまた霊視、霊聴、霊鼻、霊舌、霊触とでもいいますか五種類あって、普通肉体の五官にはかからぬ霊界の波を感受するのでありま す。霊視といって霊魂の姿を見たり、霊聴といって霊魂の声をきいたりするのが第六感としては最も普通でありまして、霊鼻、霊舌、霊触などというのは極めて稀でありますが、絶無ではありません。かつて皆さんの神想観を指導中、この『甘露の法雨』の続きの『天使の言葉』というのをわたしが朗読していましたら、柳沢夫人の御子息が、霊香の匂いをきいた——最初は香水の匂いであるかと思ったが、よくきいてみると、香水のような甘ったるいような匂いではなく、神々しいような香を焚く匂いであった、同時にその御子息さんの色盲が治ってしまったことがありました。これは神想観を指導するために出御ましました神様が、その衣裳に霊界の香を焚しめていられた、それを霊鼻によって感じたのであります。霊舌というのは霊的食物とでも言いましょうか、断食修行などでもしている時に霊界波動で作られた食物を神からいただくことがある。肉眼で見ては別に見えないが、それを食べると非常に美味しいというようなことが時としてあります。これは肉体の舌で味わうのではなく、霊舌で味わうのであります。霊触というのは、霊界の波を触覚に感ずるのでありまして、幽霊が来て、手を握った、脚に触った、などというのはこれであります。こういうように、第六感というのは肉体の五官に対応し眼耳鼻舌身におのおの霊的感覚を有するので、われわれは、第六感が開発されますれば、五感のほかに、五種類の第六感、合計十感を有するようになるのであります。

さて、われわれはこれらの感官によってものを感ずるのでありますが、感ずるとおりがそこにあると思うのはまちがいであります。われわれは認識の対象としての物そのものに触れて感ずるのでないので、ただそこから来る波動を感ずるのであります。われわれがここに机がある、ああいう恰好をしていると眼で見ましても、われわれは眼を直接机に突っ込んで触れて感ずるのではありません。ただ机から来ている波動を感じて机の形に翻訳して感ずるのであります。そういう形をしていると視えるのは、眼球と机の波動との関係上そう視えるのであって、眼球が三角であったらまた別の形に見えましょうし、楕円形であったらまた別の形に見えましょう。だからわれわれが霊眼をひらいて霊の姿を見たといっても、決して霊魂そのものの姿を見たのではない、霊界から来る波動を、その人の視覚的テレビジョン装置によって形態化して見るのであります。これは、われわれ現世の人の方から霊魂の姿を見る場合のことでありますが、霊魂自身にとってはどうであるかといいますと、霊魂自身の体（すなわち霊体）はなんによって組織せられているかと申しますと、念の波で組成されている。自己の体を念の波で組成しながら、それを一方では自分の心でそれを客観的に感じて、自分の体はこういう姿をしていると思うのであります。だから霊魂自身が自分で病気であると思ってそういう「病念」をもっていますと、その病気が客観化して、その霊魂の霊体には、霊魂自身にありありと感ぜられるような病的状態をあらわすのであります。霊魂が病気したり、霊体が病気したりするのは変なことのように考えられまするが、霊魂が病念を持つようになるのは、肉体的顕現から、霊体的顕現に移る場合、活動写真に喩えると、一つの銀幕への映写を終わって、他の銀幕への映写に映る場合、映写と映写との間に何も映らない「間」が生ずる。この「間」がすなわち個性意識の中断であります。活動写真に「間」があり、個性意識の中断がありましても、その人の業(映画において、印象の蓄積たるフィルムの絵)に変化のない限りは、再び意識が回復し、再び映画が始まりまするど、その霊魂の意識には(界を変えての映画には)同様の病念が浮かぶのであります。この病念が客観化して、霊魂自身には病気になっているかのような状態を呈する。これが霊魂の病気であります。われわれから考えてみますと、もう霊魂になったならば肉体は無いのであるから、病気に罹りようがないと思えるのであります。われわれから見たならば、体の無い霊魂が体の病気に罹っている。胃袋も心臓も皆焼いて灰にしてしまったのに、その霊魂が胃病に罹っているというと実に滑稽なのでありますが、当事者たる霊魂にとっては、決して滑稽ではない、実に病気ありとして痛ましくも悩み苦しんでいるのであります。といってわれわれも病気になっている霊魂を「体もないのに、自分の念の投影で病気になっている。滑稽だなア」など言って笑うことはできないのであります。

「体もないのに病気になっている」というのは必ずしも、霊魂ばかりではないのです。われわれ自身も、本来こんな不完全な肉体は無いのに、念の投影（かげ）として現象界に肉体というような時間空間に制約された不自由な体を映し出して、それを実に有りと思い自分自身の病念によって、病気としている人がたくさんあるからであります。こういう人が『生命の實相』を読んで本来肉体なし、病気なしと悟って病念が消えると、その人の病気が治るのであります。これは皆さますでに信徒たちが体験せるとおりであります。ところが肉体を組成する波動は霊体を組成する波動より幾分重濁して、感度が非鋭敏でありますから、霊体の波ほどには鋭敏に念力に感じないので、「病気無し」と悟っても今しばらく病気の継続することがありますが、霊体を組成している波動（なみ）はもっと軽い精化した波でありますので、念力にいっそう鋭敏に感ずるために、霊体の病気は、霊魂の意識が「本来病無し」と悟ると同時に、ほとんど瞬間的に消えてしまうのであります。

霊媒に憑（かか）ってきた病気の霊魂に、『甘露の法雨』を読んで聴かせたら、ただちにその霊魂の病気が治ってしまったような実例もあります。いつでしたか、松村何某子さんが霊媒状態になられたことがあった。最初松村さんのお婆さんそのほか二、三の親類の方の霊魂が憑ってこられて話が済んで、その霊魂が帰ってしまった後に変な霊魂が憑ってきて、急に松村さんが「痛い痛い」と言って四辺を這い廻り七顛八倒して苦しまれるのです。わたしが「お前はもう肉体はないから、肉体の痛みはない」と断固として言って聴かせました。すると痛いのが治るかと思いのほか「肉体はアルアル、痛い痛い」と泣き叫びながら、そこにある火の消えたストーブに頭を打ちつけて、のたうち廻って「痛い、痛い！」と言うのです。これはただ、単純に「肉体は無い」と言ってきかせてもだめだと思いましたので聖経『甘露の法雨』を読んで聴かせることに致しました。ところが『甘露の法雨』を終わるころには痛みはとれたとみえまして、静かにして聴いているのです。読み終わって「どうじゃ、もう痛みは治っただろう」と申してやりますと、「ああ！　やれやれ治った」と言って、霊媒は手で顔をさすり、「あア髪の毛が生えた！　眉が生えた！　睫毛が生えた！　顔がスベスベになった。鼻もできてきた！」と言って不思議そうな驚異と歓喜との混った表情をするのです。「どうしたんだ？」と訊きますと、「わたしはねえ、この人（松村さん）には、縁も何もないのじゃけれども、あんまりここでは病気が治るそうでありがたそうじゃから救けてもらいたいと一心に思ったら、この人の身体にスーッと来たの。わたしは罪人です。小菅監獄にいた罪人です。震災のときに監獄が焼けて顔から身体中焼けて、顔の皮膚はもちろん、鼻まで焼け爛れてとれたのです。それがいつまでも治らないで苦しくて苦しくて踠き廻っていたのです。ああありがたい！　もう治った！　ありがとう！　ありがとう！」と言って、その霊魂は帰ってゆきました。こんなことがあったのです。

　こういうように霊魂の病気というものは、それが火傷であっても治るのであります。この霊は「肉体もあらざるに火傷に苦しめる霊あり」とでもいうべき例であります。しかし、その苦しめる霊の状態は実在ではないから、『甘露の法雨』の力によって消えてしまったのであります。この霊魂は震災後十二年間も火傷で苦しんでいたのが『甘露の法雨』の力によって治ったのであります。そこでこのような病霊が人間に憑った場合はどうなるかといいますと、今話した松村さんの場合のように、自分は火傷をしていないのに、火傷をした霊が憑れば、自分自身が火傷をしたと同様に苦しむのであります。胃病で死んで、霊界でまた胃病を現わしているような霊が憑ると、憑られた人が胃病になる。心臓病の病霊が憑ると、憑られた人が心臓病になるのです。ところが、そういう原因で病気になっている人に『甘露の法雨』にせよ、『生命の實相』にせよ、それを読んできかせると憑っている霊も、憑られている霊も

「人間神の子、本来病なし」の信念を得て、病念の消えるとともにその病気も消えてしまうのであります。

このように病気というものは迷いの流転せる妄念の影である。だからそれを実在しているとして取り扱ってはならないのです。病気をアルアルという念によって取り扱いますと、そのアルアルという念によって病気をさらに増悪せしめることになるのです。だから実在にあらざる物を実在せるごとく扱うてはならない。実在でないものには実在をもって相対(あいたい)すると実在でないものは消えてしまう。真でないものには真をもって相対したら偽物は消えてしまう。仮相(かりのすがた)に対しては実相を以(もっ)て相対するほかはない。非実在を滅ぼしてしまうものは実在のほかにはない。仮相(かりのすがた)を消してしまう力のあるものは実相のほかにはない。闇が本来無いということを証明するためには、闇の中にいて、議論してみてもなんにもならない。ただ、光を点(とも)せばよいのである。だから、病み悩んでいる者には、生命の実相(ほんとのすがた)が完全円満な神そのままの相(すがた)であるということを知らしてやったならば病が消えてしまう。罪に悩んでいる者には、神は決して罪を作り給わないから、罪というものは本来ないという真理を知らしてやったならば、その罪と、罪より生ずる苦悩苦患(くげん)が消えてしまう。こうして一切苦患の源となるべき顚倒妄想(てんどうもうぞう)を摧破(さいは)するために生長の家は出現したのです。この真理の宣伝(のべつた)えられるや、天界のもろもろの神が相共に讃嘆して、「善いかな！　善いかな！」と讃嘆の声を雨降らしつつ相共に人類光明化のために協力してくれるのであります。それですから、生長の家では最近古今未曾有のことが起こりつつある。それは、聖典を読むだけで神憑りになり、その神憑りになった人がちょっと『生命の實相』の受け売りをすれば病気が治るというふうな奇跡が続出する。これ天界の諸神の共同活動によるのであります。天界の諸神というのは霊界の上層にいる神格を得た諸霊のことであります。こうして天界の諸霊の協同活動と人間界のわれらの協同活動とによって『生命の實相』の光明の真理が宣布せられるにしたがい、この世の一切の惑障、一切の迷い障りが消滅してしまう。そうして、この惑障の消滅とともに、惑障の現われであった地上一切の不幸苦悩は消尽して、このまま、この世が光明の常楽世界となるのであります。

実相と輪廻転生

（『生命の實相』頭注版第二十一巻より）

「霊は物質の性に非ず、愛は物質の性に非ず、智慧は物質の性に非ず」ということがあります。先刻申しましたように仏教ではこの霊という言葉は使いません。仏教では霊魂は無いとも言われる。霊魂とは言わない代わりに「有」という字を使うのです。三界を分かって二十五有に分類したりしている。この「有」というのがいわゆる霊魂でありまして、それは第一義実相的の存在ではないが、仮現としての存在なのであります。第一義実相では人間は迷うことはないが、仮現としての人間は迷うて、仮存在として輪廻転生するのです。われわれの肉体すなわち色身が滅して、まだ後来の生が二十五有のうちのどの「有」の境涯に定るか分からない間の存在を中有と言うのです。よく「魂が中有に迷う」などと言う。これは仏教では普通肉体の死後四十九日間ということになっている。この中有としての存在が満了すると、満中陰と言って、何かお葬いのお供えの返しなどをするのであります。だから「言葉」が異うといって、ただちに仏教では霊魂を認めないといって争うのはまちがいです。しかしここにある霊とは先刻申しました「不可思議自由自在なもの」という意味を現わすために霊という字を使ってあるのです。生命の実相は、実に、霊妙なものでありますから、霊妙不可思議の妙という字にあてはめてもいいのであります。『法華経』では「妙」という字を使っている。霊々妙々不可思議なる生命の働きは、一定の化学反応しか起こさないような物質の性能だけでは得られるものではないのであります。それがこの一節に書いてあるのです。

　この霊妙不可思議な働きは物質から来るのではない、愛というような不思議な生命を生かす働き、智慧というような不可思議な心の働き、こんな霊妙な働きは、物質から来るものではない。だから「霊は物質の性に非ず、愛は物質の性に非ず、智慧は物質の性に非ず」なのです。生命の霊性、愛、智慧というものは、いかなる大科学者がいかなる装置で物質を捏ねあわしても発現するものではない。生命は霊なる愛なる智慧なる神からのみ来るのであります。この神から来た生命の霊性が現象世界に投影したのが、現象生命である。この現象生命はどういう状態で現象界に存在に入るかというと一つのバイブレーションとして存在するのであります。このバイブレーションを客観的に観察すると一つの念体である。霊魂または霊体というのはこれであります。物質は実相宇宙の投影が認識作用によってその霊妙性を捨象されて生じたバイブレーションの体でありますが、この物質の体に、現象生命の体が複合して、肉体人間として現われているのであります。だから人間は大別すると二種の体が重複しているのであります。われわれは体が一つしかないと思っていますが、肉体と霊体とが重なり合って一つに見えているのであります。

　太陽が七色のバイブレーションが集まって一つの無色の光線になっているのと同じように、われわれはこの肉体という物質的波動の体の他に、霊体的波動の体というものが一緒に複合して一つに現われているのです。それがある期間たつと物質的波動の体と、霊的波動の体との分離せねばならぬ時期が来るのです。そして霊的波動の体だけが霊界に生活する。これが霊魂であります。実相生命の投影が、霊魂という現象生命の波動体として現象界に現われた時には、実相の無限次元の性質が、時間空間という五官的認識機能のスクリーンによって縦横厚みだけを残して捨象されているので、縦横厚みの立体空間の世界においては、われと彼との区別がハッキリしているので、実相、自他一体の実相が蔽（おお）い隠（かく）されており、その差別智から、いろいろ実相ならざる念を起こし、その念が蓄積されて業（ごう）となるのであります。仏教で言う業とは念の蓄積であります。

一例をあげますと、人を憎い、と思います。すると彼は憎い、という憎む念の振動数が持続されたまま念に蓄積されます。これは、彼は憎いと思った瞬間、宇宙に蓄音機の吹き込み機のようなものがあって、憎いという念がそのままレコードに刻みつけられ、時のたつにつれて、憎いという念が蓄積され、それがたまって無数のレコードになる。これが業であります。業の内容は念の蓄積でありますから、念は振動（バイブレーション）でありますから、振動は客観的に観る時は体（たい）であります。だから業とは体であるということができるのであります。まず業が霊体という念の体を創り、その業の種類に従ってさらにまた肉体という念の体を作り、その二種の念体がぴったり一つに重なった時に肉体を備えた現象人間が出来上がるので、霊体が肉体という念の体を、分離して生きているのが霊界の霊魂なのであります。それで霊魂というのも、念の波動体であります。仏教では霊魂と言わずに、その代りに「有」という語を使い、「有」の本体はなんであるかというと業である。だから霊魂が生まれ代わるということの代わりに業の輪廻と言いますけれども、結局は同じことであります。釈迦は、『過去現在因果経』に、自分は前生にはこういう人間に生まれて、また次にこう生まれて、その次にこうなり、浄飯王の子と生まれ、何歳にして家出し、何歳にして悟りを開き、今八十歳にしてこうして衆生に法を説くように更生ったのだと書いています。釈迦も自身が生まれ変ったという限り、霊魂という仮の「有」を認めているのです。しかしその生まれ更ったというのは釈迦の実相が生まれ更わったのではない。霊魂という仮の「有」が生まれ更わったのです。業という仮存在のレンズの厚みの変化に従って現象界への投影状態が変わる。これを生まれ更わると言う。しかし本当の実相の釈迦は生まれ変わりはしない。釈迦自身でも後にはわれは百千万億阿僧祇劫前から悟りを開いている生きとおしの如来であると『法華経』の中で説いていられます。ところが一方には自分はこうこうこうして生まれ変わったということも確かに言っておられる。が、これは業のレンズの変化に従って仮の有がかなたに転現し、こなたに転現したのです。

これは釈迦だけの話ではない。本当はわれわれも、生まれ変わったりなどしない久遠生きとおしの釈迦と同じ存在であり、「アブラハムの生まれぬ前より吾はあるなり」と言ったキリストと同じき久遠永遠の存在なのであります。生まれ更わるのは、仮の相の我、業の蓄積のレンズによって諸方に転現してあらわれる我であります。だからわれわれは本体は生まれ変わらないでいながら、現象生命は生まれ更わるのであります。仏教ではこれを広略相入と言っている。広相すなわち現象生命は諸方に転現すれども略相すなわち実相生命は本来去来なしと言うのです。生長の家ではこの略相の我を本当の我と言い広相の我、現象の我を「ニセ物の我」と言っています。「ニセ物の我」というのは本来無であるからそんなものにひっかかるな、そんなものはあると思うなと説くのが生長の家でありますから、それは釈迦の諸法無我と言われた教えとぴったり一致するわけであります。生まれ更わるということはあるにはあるがそれは現象の仮の「有」が生まれ更わるのであって、それは要するに活動写真の影のようなものであるのです。活動写真を見るのにあると思ってあるという立場で見るから実際あるように見えるのですが、結局それは影で無だ、無いもんだということを知ればよいのです。ただ実相の我のみある！　この本当の、「実相の我」「金剛不壊の我」をわれわれが知った時、いっさいの人生の悩みは吹き消されてしまうのです。

祖霊が子孫に与える影響

（『生命の實相』頭注版第四巻より）

一つの物質（治療器）が、効験があったり、効験がなかったりするのは、物質そのものに力がない証拠でありますが、一つの物質がある人には滋養になったり、毒になったりすることがあります。たいていの人はとうふを食べると滋養になるのでありますが、家内が以前大阪にいた時、その近所におとうふを食べると必ずキリキリ舞いの腹痛を起こすお婆さんがありました。これはとうふと知って食べても、知らずに食べても腹痛を起こすのでしたが、これは肉眼で見る心はとうふであるということを知らなくとも、その人の潜在意識はとうふであることを知っており、その潜在意識がとうふを食べるとキリキリ舞いの腹痛を起こすという念にとらわれているからであります。とうふを食べないでいるか、とうふを食べれば腹痛が起きるという「迷い」の念を捨てるかしますと、もう決して腹痛は起こらないのであります。

また、同じ物質でも、一定の日に限ってその物質が腹痛を起こす例があります。前大阪工科大学の教授中尾良知氏は『透視と実例』という自分の霊覚に関する本を著わしている人でありますが、この人のお父さんが金比羅さんの熱心な信者であった。それで中尾氏が精神統一をして前途の予言をしたり、遠方を透視したりせられる時の状態を別の霊覚者が霊視せられての報告によりますと、氏のお父さんらしい人の霊魂が中尾氏の背後に付き添うて中尾氏の霊覚に援助を与えている姿が見えるそうであります。それはさておき、その中尾氏はふだんは魚をたべてもなんともないが、金比羅さんの命日に当る日に魚を食べるときっと腹痛を起こす。魚であると知ってたべればむろんのこと、知らないで食べても、おつゆの中に一片の雑魚(ざこ)があったのを知らないで食べても腹痛を起こすのであります。これは氏自身はなんとも思わなくとも、氏の背後にあって氏を守護していられる金比羅さん信者たる父の霊魂が、金比羅さんの命日に魚をたべたら罰が当るとか、神さんにすまないとかいう念をもっているからであります。つまり、魚という物質そのものが腹痛を起こすだけの力があるなら、なにも金比羅さんの命日にだけ毒になるわけではないのであって、常にそれは毒性をあらわさねばならない。ところがそうではないから、この毒性は魚という物質に固有している毒性ではないことがわかるのであります。では金比羅さんの命日に魚をたべるから神罰が当るのであるかといいますと、本当の神というものはそんな偏狭(へんきょう)なものではない。神というものは真理である――天地を一貫した愛の理である。理(り)というものはズッと筋立ったものであって、魚をたべることが理にはずれた善くないことであれば金比羅さんの命日でなくとも、理によって一様に制裁をうけるはずである。ところがそうでなくて腹痛が金比羅さんの命日にだけ起こるというのは、それは金比羅さんからの制裁ではなく「金比羅さんの命日に魚をたべたら悪いという念」が、中尾良知氏の背後にあるからであります。「金比羅さんの命日に魚をたべたら悪い」という念はどういう人に持ちやすいかといいますと、金比羅さん信者の人に多いのでありま す。ところが中尾良知氏のお父さんは非常に熱心な金比羅さん信者でありましたから、そこで金比羅さん信者たる氏のお父さんの念波が中尾氏に感応して、中尾氏が知らずに魚をたべてもそれが金比羅さんの命日であれば腹痛を起こすという理由がわかるのであります。そんなことをいっても中尾氏のお父さんは死んでいるから、この世に存在しないではないかといわれる方があるかもしれませんが、後の「靈界篇」（頭注版第九・十巻、愛蔵版第五巻）にありますように死んでいるということは存在しないということではない。霊視能力者が、中尾氏の精神統一中に霊視したところによりますと、氏のお父さんらしい人の姿が氏の背後に見えるので、それは理論と実際との交叉（こうさ）証明が得られているわけであります。

〇

この実例はなにを暗示しているかといいますと、祖先の霊魂の念波は、現実世界にいる子孫の運命に影響を及ぼすということであります。すなわち、⑴祖先または自分に関心ある縁者の霊魂の好まないところを子孫が行なえば、祖先または縁者の霊魂の反対観念を受けて、その人の運命が妨げられます。⑵祖先、または自分に関心ある縁者の霊魂が迷いにとらわれ、信ずべからざるを信じ、妄執にとらわれていますと、現実界の子孫たるわれらがその反対観念の掣肘を受けて、正しいことを行なっていても、それがおもしろくいかないことになるから、祖先の霊魂にはすみやかに真理を悟らしてあげる必要があります。この第一の原理により、われわれは父祖が現世になくなっていようとも、父祖の期待に背くということを行なえば、その父祖の霊魂の反対観念によって制裁を受けることになるのであります。さらに父祖に対して反逆の念を起こし、反逆の行動をとるようなことをすれば必ずその子孫の運命はよくゆかないのであります。中尾良知氏は、父祖の好まない「金比羅さんの命日に魚をたべる」という行為を犯しただけで腹痛の制裁を受けるのであります。祖国に対して反逆的行動をとろうとするような思想の人たちの健康を調べてみると、肺結核にかかっている人が多いということを誰かが発表していましたが、肺結核の原因は本全集の「實相篇」にも述べましたように、いろいろの原因がありますから一概にはいえない。概して申せば、肺病は狭量な極端にサバク心、切る心が自己の肉体にその形をあらわしたのでありますが、祖国を愛するわれわれの祖先の霊魂の反対観念によって制裁されている場合の多いことも明らかな事実でありまして、親不孝の人に胸を患っている人が多く、生長の家の飛田給練成道場へ来て、神想観をして両親に感謝の思念を毎日つづけていると重症の結核でも治る人が多いのであります。

思い出しましたが、昭和七年の春、嵯峨の天龍寺の某僧が顔面神経痛にかかったのであります。顔面神経痛というものは、激しいのになると夜も眠れないほどの激痛でありますが、ことに夜間はその痛みが激しいのであります。天龍寺の和尚さんは、この某僧の顔を見ると先祖の霊魂がわざわいをしているということを直覚したのであります。しかし、それがいかなる霊魂であるかということまではわからない。僧の知り合いに神戸選出の代議士で野田文一郎という人がある。この人は霊覚者今井楳軒翁と知り合いである。そこで野田文一郎氏を介して、今井楳軒翁に一度どういう霊魂がわざわいしているのであるか霊診してみた上で、解決して欲しいという依頼があったのであります。依頼によりまして、今井翁がその某僧を鎮魂して憑霊をよび出されますと、それはその某僧の亡父の霊魂であって、今その某僧には先祖の墓を新たに築造するについて移転しようとの問題が起こっている。そしてその墓は今までそれがあった郷里には造らないということになりそうな形勢にかたむいている。そこで、故郷の地というものに執着のある亡父の霊魂にとっては気が気でない。なんとかして墓地移転の問題を阻止せねばならぬ、それで自分の息子になんとかして欲しい。——こういういわば郷土愛の念が、その霊魂の息子たる某僧に感応して来ているのであります。そこで今井翁は、その亡父の霊魂に対して、「なんじの願いは聴きおく、いずれその問題はなんじの息子にも相談して善き処置をとるであろう。しかし自分の目的をとげるために息子を病気にするなどということは、神の道にかなわないことであるから、今後この息子に念を送らないようにしなければいかぬ」と懇々と諭されたのであります。するとその亡父の霊魂はそれを承諾して去ったのでありますが、その翌日代議士野田文一郎氏から電話があって、その某僧はその夜久しぶりに、顔面神経痛が起こらずに安眠できたことを報じて来られたのであります。

幽明の境を超える念の感応

（『生命の實相』頭注版第十巻より）

場　所——兵庫県武庫郡住吉村八甲田、昭和七年当時の生長の家本部。

談話者——谷口雅春氏（生長の家本部）有元新太郎氏（元慶大教授）中村十四馬氏（上海印刷公司）南喜久雄氏その他。

有元――十八日は家内の母親の命日でしたので、わたしは本来真言宗で、真宗のことは知らないのですが、家内の祖先はズット真宗でしたので、大阪の真宗のお寺からお坊さんを招いて三部経をあげてもらったのでありますが、その坊さんを捉えて真宗では臨終に「引導」を渡すかといって問答を始めたのであります。その坊さんは真宗では引導なんか渡さぬと申しました。

中村――禅宗では引導をやかましくいいますねえ。

有元――真宗では弥陀の四十八願を基として教えを立ててあるので、その四十八願のうちでも第十八が中心となるので、それにはこう書いてあると教えてくれましたので写して来ました。

「もしわれ仏を得たらんには十方の衆生、至心に信楽してわが国に生ぜんと欲して、乃至十念せんに、もし生ぜずんば正覚を取らじ。ただ五逆と正法を誹謗するとを除く。」

この乃至十念せんにとあるのはなぜ「十念」しなければならぬのか。「一念」ではいかぬのかと申しますと、この第十八願の願成就の文には「もろもろの衆生ありてその名号を聞き、信心歓喜して乃至一念し、至心に廻向して彼の国に生ぜんと願ずれば、すなわち往生を得て不退転に住せん」とありますので、一念でも十念でもよい、至心に阿弥陀仏に心を廻向すれば「彼の国」すなわち極楽浄土に生まれて、もう退転することはない。だから、別に「引導」というような自力的な業というものは要らないというのでありました。その坊さんのいうのには、真宗は絶対他力である、浄土宗では、衆生、仏を憶念すれば仏衆生を憶念すであるけれども、真宗では衆生が阿弥陀仏に廻向するのではなく、阿弥陀仏が衆生に廻向する、阿弥陀仏の衆生を救ってやりたいという願いが廻向して、衆生の心に「救って欲しい」という願が生まれてくるので、自力というものは少しもないのだそうであります。

谷口——仏と衆生、衆生と仏と相対的になっていて、仏が衆生に廻向すれば、衆生が仏に廻向する。「救ってやろう」と仏が思えばその思いがこちらへ廻って来て「救ってください」と衆生が思うのでは、まだまだ本当に絶対他力だといえませんね。そこには仏と衆生というものが相分れ相対立している。「生長の家」は今あなたのおっしゃったような真宗よりも、もっと絶対他力なのですねえ。この絶対他力という言葉は、在来の習慣で使ってみたのですが、元来、絶対他力という言葉からしておかしいじゃありませんか。絶対とは対立がないということであり、対立がないとは自他が一体で自力とも他力とも、そんな区別がないことではありませんか。本来「ほとけも衆生もなかりけり。」そのままで救われている。救われているという言葉も、救われていない状態があるという状態を仮想して、その状態に対立させていう言葉だからやはり相対的の言葉になっている。救うも救われるもない。人間は本来「神」であり「仏」であるから、そのまま、そのままでよい。実相に気が着けばよいのです。

有元――真宗では、絶対他力と申しまして、自力的なことは観法も供養も修行も何もいらない。わたしは浄土宗と真宗とは本来同じものかと思っていたのでありますが、昨日坊さんに聞いてみますと、浄土宗はまだ自力的なところがある、仏に衆生が憶念してもらうために、衆生の方から仏を憶念して、念仏を常に相続して断たないということが必要である。ところが真宗ではそんな必要がない。臨終の一念ただ「南無阿弥陀仏」と念ずることによって極楽浄土に往生することができるというのです。

谷口――そうですねえ、浄土宗の開祖法然(ほうねん)上人は、「念仏三万遍」といって一日に三万遍ずつ念仏をお称(とな)えになったと聞いていますが、必ずしも数多くとなえなければ効果がないという意味ではないでしょう。

有元――ところが真宗では、そんなに念仏を常に断たないというような必要はない、臨終(りんじゅう)の一念に一言でも「南無阿弥陀仏」と念じたら、ただそれだけで極楽往生疑いなしというのであるから、船に乗って大洋を航行している最中に寿命が終わっても、臨終の一念ただ「南無阿弥陀仏」と念ずることによって極楽浄土に救いとっていただけるのであるから、「引導」を渡してもらうという必要は真宗にはさらにないというのであります。

谷口——なるほど。

有元——ところが、真宗でやかましくいうのは、至心に信楽して浄土に生まれんことを欲する。その「至心」ということが大切なのですなア。その至心はどうして得るかというと善知識を得てその説教を聴聞するということによって得られる。真宗は絶対他力だというけれども、説教を聴聞して、至心を喚起して臨終に一念念仏するということぐらいは、自力でやってもらわなければならぬとその坊さんはいうのです。

谷口——では、生きているうちに善知識に遇うことができず、臨終に一念の「至心」を起こすことができないものはどうなるのですか。

有元——それはわたしもきいたのですが、そういう者は地獄へ堕ちるほかいたし方がないとその坊さんはいうのです。

谷口——それを救う道はないのですか。

有元――その坊さんの説く真宗では、それを救う道はないのですなア。

南――そんなことはない。もしそうならばその坊さんはなんのために仏前へ三部経をあげに来たのですか。

中村――それは、お金を儲(もう)けるためでしょう。

南――そんなことはない、そういう者がいかにしたら救われるかということが、『観無量寿経(かんむりょうじゅきょう)』に書いてあるのじゃありませんか。

中村――『観無量寿経』にどう書いてあるか否かはわたしは知りませんが、真宗の坊さん自身が真宗のことを説くのだからまちがいはないでしょう。

南――真宗の坊さんだとて、必ずしも真宗の正説を理解していると定(き)まっていないと思います。

中村――どうもその坊さんは霊界の存在が解らないのじゃありませんか。だから死んだものに真理を説いて聞かしても聞こえないと思っているのでしょう。死んだものには三部経を説いて聞かしても聞こえないから、臨終までに善知識に遇(あ)って、「至心の一念」を起こしておかなければ救われる道がないと思っているのでしょう。こういう解らない坊さんがたくさんあるのですから、臨終までに善知識に遇って「至心の一念」を起こさねば救われないといっても、なかなかその善知識なるものに会えないわけですねえ。

谷口——真宗で「臨終の一念」を尊ぶのは無理のないことであって、臨終に「われ霊界に移る」という自覚なしに他界しましたら、死の刹那（せつな）のショックで一時無意識状態になって眠っている霊魂が、霊界に来て眼を覚ますと、自分はまだ生きていると思い、生きていると思うから、自分の肉体は病気であったと思い出し、その念の作用で肉体の病気を再現し、霊界でいつまでも病苦を継続してなかなか極楽成仏ができないということになるのです。だから臨終の一念は大切である。しかし臨終の一念に「われ今霊界に移る」という自覚がなければ死んでしまってからは救いようがないと思うのはまちがっている。現に死んでから長い間苦しんでいる霊魂が『生命の實相』を説いて聞かされて救われた実例はたくさんあります。死んでからでも説教経文を聴聞することができ、それによって悟りを開くことができるのであってこそ、死後坊さんを招いて三部経をあげてもらったりする根拠があるのじゃありませんか。

祖先の宗教と和解する

（『生命の實相』頭注版第二十八巻より）

「生長の家」では、今までの宗教を決して排斥するということをしない。祖先の宗教によって祖先を祀りなさいということをいうのであります。葬式の場合にも、祖先からの宗教の坊さんを招いて、祖先伝来の宗教の儀式にして、祖先の宗教のお経を誦してお葬式をしてもらいなさいとこういうぐあいにお教えする。既成宗教のお坊さんが新興宗教が勃興すると自分の宗教業を奪ってしまうと思って生活権の擁護のためにむやみに反対なさる方があるかもしれませんが、「生長の家」に限ってそんなことはしないのであります。今まで物質科学者が、霊魂なんてないものだ、肉体は滅んで灰になってしまったら、それでしまいになるのだなんていうふうに説いておった科学者こそ坊さんの職業を奪うというふうになっておったかもしれないけれども、「生長の家」は決してどの宗教からも職業を奪うということをしない、かえって他の宗教を生かす。祖先の信奉しておったところの宗教を生かすということによって、まず第一祖先と和解するのであります。祖先と和解し、祖先の信仰と和解し、――ただ和解するだけでなしに、その祖先の信仰に光を与え、生命を与え、祖先を済い、そうして一家を光明化し自分自身をも済うというのが「生長の家」であります。

受胎・出生・運命・寿命・死後について

●人間は肉体が死んでも必ず次の〝体〟を有つ

人間は生命であって、肉体は死んでも生命は死なない――といっても、生命という無形のものになって存続するのであって、人体のような体が無いのではつまらないと思う人があるであろう。そんな懸念は無用である。生命が〝表現の主体〟である限りに於いて、〝表現の客体〟である〝体〟が存在しないということはあり得ないのである。人間の生命は死なないが、肉体をもっている間は盃の中に入れられている海水のように、一定の形をもっているが、肉体が死ぬのは、恰度、その生命の水を湛えていた盃がこわれて、盃の中の海水が大海原の海水中に融け込んで大海と一如になるのだというような説き方をする仏教者もあるのであるが、これでは、肉体が死すると共に、その生命は個性を失って、宇宙大生命に還帰するということになるのであるから、その生命は「個性としての死」を意味する。これでは人間は肉体の死と共に、宇宙の元素に復帰すると考える唯物論とあまり変らないのである。唯物論者が、

「宇宙の元素に復帰する」というところを、その仏教者は「大生命の大海に復帰する」という表現におきかえたに過ぎないということになるのである。

●個性生命は肉体死後も滅しない

生命が、単なる物理化学的エネルギーと異るところは、生命には個性的な自由意志的意識があるに反して、物理化学的エネルギーは、物と物とが互いに反応を示すにしても、それは機械的反応を示すだけであって、その互いの反応を自由意志的に選択して、「人によって色々の反応が異る」というような個性的な動作又は反応を示すことが出来ないことである。水素と酸素が結合したら水になるが、それは、〝不可不の法則〟によってそうなるのであって、「そのほかのことはあり得ない」という風に物理化学的反応は、選択の自由がないのである。しかし生命は、同一条件に対しても個性ある別々の反応を示すのである。例えば、或るキャバレーの女が客を誘惑するとする。その女は同一人であり、同様の言葉と態度とをもって男を誘惑しても、Aという男と、Bという男と……無数のその客である男が、その女に対する反応は悉く異るのである。生命の反応は個性的であって機械的でないからである。こうして生ける人間の生命は個性に従って、同様の環境条件に於いても異る反応を示し、異る人生経験をし、その人でなければあり得ない独特の感応を起して、その魂が個性ある独特の進歩を遂げるのである。若し人間がこの人生に於いて幾多の困難を克服し、苦痛を忍び悲しみに耐え、複雑なる人生の事件に処して独特の反応を示しつつ、独特の進歩をとげて来た個性的な人生経験の賜物が、肉体の死と共に何の甲斐もなく消えてしまって、Ａの霊魂もＢの霊魂も、一様に大生命の一海の中に個性もなく溶け込んでしまうとしたならば、地上の人生経験は全然無意義になってしまうのである。そんなことがある筈もないし、あって好い筈もないのである。

この事に就いては『生命の實相』の「靈界篇」に高級霊のヴェッテリニからの霊界通信に於いて、仏教学者のうちには霊魂は高級に進化するに従って個性を滅して宇宙生命に還元してしまうように説く者もあるがこれは非常な間違であると、憤激した語調で説いて、霊魂は進化すればするほど一層個性が発揮されるのだといっていることを参考にせられたいと思う。

●人間は大海の一波一波ではない

人間の生命は宇宙大生命の大海に浮ぶ単なる波ではないのである。〝波は消えるけれども大海は永遠の存在である〟というような説明の仕方では、人間は何らの慰めも受けることはできないのである。そんな考え方は、「大自然は永遠であるけれども人間は須臾的存在で消えてしまう儚き存在だ」というのと同じである。吾々が進歩を願い、向上を志すのは、個生命として独自の人格的存在として刻苦精励努力精進しつつあるのである。人間があらわれては消える波のような存在であるならば、何のために刻苦精励努力精進するのか――このような人間の〝個生命的存在〟を〝大海の波〟にたとえる考え方は唯物論の一種に過ぎないのである。人間は決して波のような無機物をもって喩えてその存在意義が解るような簡単な存在ではないのである。波に比較して考えたことが間違であったのである。

●肉体という地上生活のための宇宙服

肉体は死んでも、人間は個性的人格として存続するのである。物理的な波には個性がないのである。波は偶然の風圧や、激突する岩の大小や形によって色々に物理学的又は機械的に変化するだけであって個性はないのである。人間の魂には人格があり個性があるのである。肉体が死んでも、人間は個性をもち人格を備えた実体として霊界に移行するのである。

人間そのものには死はないのである。地球という天体に降りて来て、或る仕事をする期間だけ着ているところの宇宙服の一種が肉体であるのである。肉体は間断なく必要に応じて中から修理するが、使いちびてしまって補修するよりも、新規に取り換える方がよいという風になると、生命は肉体を内部から修理しなくなるのである。多くの、死期の近づいた病人が、蒲団の上に安臥していて、大して肉体が蒲団と摩擦する訳でもないのに、その少々の摩擦によってさえも、生命が内部から肉体を修復しなくなったら、所謂「床擦れ」という擦過傷みたいなものが生じて治らないのである。床擦れの出来た病人は、その人の生命が、霊界に移行する期が近づいたために、肉体という宇宙服を修理しなくなったと見てよいのである。何らかの高級霊のはからいで霊界移行の時期が修正せられて床擦れができていても健康を恢復して、その後数ヵ月又は数年間生き延びることがあるのは又別問題である。

〝死〟と見えるのは上級学校への進学の準備である

地球生活は、魂の向上のための学校のようなものである。一定期間地上で色々のことを修行し勉強し、その環境条件の下に於いては、それ以上、その魂が吸収すべき勉学の要素がなくなれば、他の上級学校へ入学するために、今までの環境条件の学校から卒業して去るのである。それを仮りに吾々は〝死〟と呼ぶのである。〝死〟という語が連想させるような、「生命の停止」とか「生活の中断現象」というようなものはないのである。端的に謂えば「死は無い」のである。〝死〟と見えるものは、生命の一つの学校から、他の学校へ進学するための卒業である。次の学校に入学（生れ変る）するための準備期間というものが霊界に於いて若干の期間あるのである。上級学校への入学準備とでもいうべきものである。そこで、過去の学校通学中の制服（地上生活中の肉体及びエーテル体）を完全に脱がされ浄められるのである。これを仏教では三途の川の手前に脱衣婆というのがいて着物を脱がせるというような喩えをもって説かれているのである。吾々の霊魂は肉体という物質的衣服のほかに、エーテル体という半物質的エクトプラズムの体をもっているが、これに色々の過去の習慣なども印象されている。新しい魂の学校に入学するためにはそのような習慣の体も脱がせられなければならないのである。

●地上の寿命は予定されているけれども

私たちの地上の寿命は、だいたい予定されているのである。謂わば地球生活への出張期間が受胎のときに既に任期何年何ヵ月という風にきめられているのである。しかし、大抵その任期一ぱいに地上に生活し得る人は少いのである。大抵の人は、正しい生活法を守らず、正しい健康の法則を守らず、更に地上に任命された役割を果さず他の人の迷惑になることをかまわず、勝手気儘な不規則な生活を送っているために、恰も折角、優秀な社員として海外出張を命じてあるのに、その任務をつくさないで放埓な生活を送っているために、任期満了にならない先に本社へ帰還命令が出て、他へ転出せしめられる社員のように、地球生活へのあらかじめ定められた出張期間が満了しないうちに霊魂が霊界に召喚される（肉体の死）人もあるのである。

●短命の者は必ずしも不良霊魂ではない

それでは長寿しない人間は、みな予定の地上生活出張期間を満了しないうちに帰還命令の出た不良霊魂かというと、必ずしもそうではないのである。霊界通信の伝えるところに拠れば、「幼くして死する人間の霊は高級霊である」ということである。幼いどころか、産れると直ぐ死ぬような死産の嬰児の霊は非常に高級霊であるというのである。その理由は何故であろうか。地上生活に生まれて来るのは魂の修練学校に入学して来るようなものであって、幾度も或る生活を卒業しては生まれ変って上級学校又は特殊の専門学校にも比すべき環境に生まれて来るのである。そして過去の世代の生まれ変りに於いては学ぶことの出来なかった色々の、また別なる体験を積んでその魂が修練され進化する。そして凡ゆる方面の専門学校にも比すべき、諸種の地上生活を営んで、もう凡ゆる科目は卒業して、もう唯三年間今度生まれた環境で地上生活を送れば地上生活の全科目卒業というようなベテランの霊魂になっていると、地上生活三年で——即ち三歳の幼児にして死ぬというようなことになるのである。十歳で死ぬ少年は、今度の地上生活十年間で全科目卒業というような訳であるから、幼くして死する人の霊魂は高級霊であると謂われる所以である。

●死産又は出産と同時に死ぬ嬰児の霊魂について

死産又は、生まれると同時に死ぬような嬰児の霊魂が高級霊であるという理由は何故であろうか。それは、もう既にたびたび地上生活に生まれ変って来ていて地上生活学校の全科目を卒業したが、まだ子宮内の暗黒世界に意識を有しながら十ヵ月間閉じ込められているという体験をしたことがなかったので、その体験だけを満了すれば地上生活の全科目を卒業するという訳で、子宮内の意識的生活だけを体験すると、地上生活を完全に卒業して霊界に還る訳である。

何べんも生まれ変って来ている霊魂は、もう度々子宮内の暗黒生活を卒業していそうなものだと考えられるけれども、そうではないのである。発達の低い段階に於ける霊は、霊界でも昏睡状態をつづけており（所謂る〝永眠〟である）生まれ変りの時も意識的の選択なしに無意識に、「生まれ変りの霊波」に乗せられて、父母となる人の交合の際の愛情の波動に同調して受胎して来るから幾度生まれ変っても「子宮内に意識をもちながらその暗黒生活を味わう」というような体験は卒業していなかったのである。

●神の第一創造の完全世界を隠覆するもの

人間は〝神の像〟に創造られたと「創世記」にある通り、その実相は完全であり、「全て善し」と神によって宣言せられ、全てを支配する権能を与えられているのだけれども（註・以上「創世記」第一章）その完全なる神の像の上に、恰も、素晴しい傑作の先生の油絵の上に、弟子が再び絵具を塗って拙い絵を描いたために、先生の折角立派に描いた絵が掩い隠されてしまっているのと同じように、神の真創造になる世界が、人間の迷妄心によって覆い隠されてしまっているのである。このことを「創世記」第二章には、「霧たちのぼりて……」という風に書かれている。迷いの霧を晴らしてしまわなければ実相の完全な相を見ることはできないのである。「創世記」の「霧たちのぼりて……」と同じことが日本神話の浦島太郎の物語にあらわれているのである。浦島太郎は竜宮海（実相世界の象徴・「生みの底――創造の根底世界」）にいる間は年寄らなかったが、海の底なる竜宮から出て玉手箱を開いたら、その筥から煙が立ち騰って、本来年寄らぬ浦島太郎が白髪の老人になったというのである。「創世記」は「霧たちのぼりて」とあるのが、浦島神話は「煙たち」となっているのである。いずれにせよ、迷いの煙幕によって神の第一創造になる実相が隠覆されたことである。

●卵細胞の分裂増殖だけでは人間にならない

人間の卵は直径百二十五分の一吋という極めて小さい、虫眼鏡で見なければ見えないような非常に小さいものである。それが受精すると分裂増殖を始めるのである。一箇が二箇になり、四箇になり、八箇になり、十六箇になり、三十二箇になり……こうして卵細胞が分裂増殖したからとて、その細胞の堆積が人間ではないのである。或る婦人が月経が閉止し、お腹が徐々に膨れて来て妊娠のような容態を呈して来た。本人も助産婦もそれを妊娠だと信じていた。しかし、五ヵ月を過ぎても胎児の心臓の鼓動が聴診器に感じられぬのである。そこで婦人科医を招いて診察して貰うと、「これは妊娠ではない。葡萄状鬼胎であって、直ぐ切除の手術をしなければならない」との事であった。これは卵細胞が受精して分裂増殖したけれども、細胞の数ばかり殖えてそれが人体の形にならないのである。分裂増殖する細胞を一定の人体の形に形成して行くためには、その構造を指導する叡智（神の生命）が天降って来なければならないのである。人間が「神の子」であるというのは、単なる性細胞の結合だけでは人間にはなり得ないで、叡智を備えた神の生命の天降りによってその細胞増殖が統制せられて人体が「神の宮」として構築せられて行くのであるからである。主人公は「神の子」なる霊であり、増殖する性細胞は結局「神の宮」を造営構築する材料となる一つ一つの煉瓦のような役割をするのである。

●普通の発達の程度の霊魂が受胎する場合

普通、人間の霊魂が受胎するのは、父母になるべき両人の性的結合の際に起る高揚した愛情の霊的波動が、受胎すべき霊魂を招霊する信号になって、地上生活への時期の熟している霊魂をその母親の胎内に降下せしめることになるのである。この降下は、受胎する霊魂が高級霊でない場合には、無意識に「生まれ変りの霊的波動」に乗せられて自覚しないまま母胎に宿る。無論これには霊波の相似ということが条件になるのであって、受胎当時の母親の精神状態に波長の合う霊魂が、波長共鳴の原理に従って、同波長の母親の胎内に引きつけられて受胎するのである。例えば、母親たるべき婦人が芸術に非常に興味をもっている精神状態のときには、芸術家の素質をもった霊魂が受胎して来るであろう、母親たるべき婦人が政治に興味をもっている場合には政治家の素質をもった霊魂が受胎して来るのである（その他これに倣う）。芸術家の素質をもった霊魂というのは、もう幾回も芸術家として生まれて来た前世的経験があり、それだけ芸術家としての修練が積まれている霊魂のことであり、それだけ今度の地上誕生に於ても、その方面の天分を発揮し易い素質をもっているのである。宗教家のうちには前に釈尊について教えをきいた弟子が、その因縁によって、又釈尊の生まれ代りに弟子として説法をきいている者もあるということである。

そのように受胎して来る霊魂の天分又は素質は、母親の（父親の精神状態も関係するが、主として母親の）精神状態が類似の精神状態の霊魂を招ぶということによって選ばれる結果となるのであるから、母親は、自分が妊娠する子供の天分又は才能を選択することができるのである。母親が声楽を一所懸命に勉強しているときに妊娠した子供はやがて有名な声楽家になる素質があるのである。いま日本で声楽家として最高の名声を博しているある女性の母親は、一流ではないが浅草の芸者で、非常に音楽が好きな人だったということである。もう一人の有名な女性シンガーの父親は、ピアノの伴奏者として相当の天分を発揮した人である。芸苑では親子代々名優として天分を発揮している人の名は、あまりにも多くて爰に一々名前を挙げるまでもないのである。さらば皆さん、自分の欲する如き天分の子供を生むために、何に熱心になるべきかを考えてもよいではありませんか。

●人工受精によって生まれた子供

人工受精によって子供が生まれたというような実例が、日本にも三千例ほどあるそうであるが、その数の詳しいことは分らない。人工受精によって妊娠して生まれた子供は、自分の父が誰であるか出所不明の孤児のような気がして非常に悩むということである。自分という者が父母の愛情によって生まれた者でなくして、機械的に恰も試験管内での実験によって生まれた人格無視の存在であることに劣等感を感ずるのだそうであるが、そのような劣等感を有つ必要はないのである。そのようにして生まれた子供は高級霊が宿っているのであるというのが霊界通信によって伝えられているからである。(『生命の實相』頭注版第九巻、第十巻参照)

●人工受精によって受胎する場合の霊的機構

不幸にして父になるべき人に精子が無いという場合に、それでも子供が欲しいというので夫の許可を受けて医師に請うて人工受精をして貰うならば、これは父母となるべき両人の間の性交の際に起る高揚した愛情の精神波動によって、受胎すべき霊魂を胎内に呼ぶことはないのである。したがって、霊界に於いてまだ無意識で眠っている霊魂が、父母の精神波動によって遠隔操縦的に招かれて、生まれ変りの波動にのせられて受胎することもない。ただ母体の子宮内に於いて卵の受精が機械的に行なわれ、卵細胞が分裂受精し始めただけである。この場合には、まだ高級霊になっていない無意識状態の普通霊は父母の愛情高揚の波動によって牽引(けんいん)せられることはないのであるから、普通程度の霊魂はやって来ないのである。だから人工受精の場合に生まれ変って受胎して来る霊魂は、既に霊界に於いて意識が明瞭に目覚めている高級霊であって、〝この母親に宿って来れば将来自分は、このような運命を受け、大局に於いて自分の霊魂が尚一層高級に発達することができるのだ〟という予見の下に、受胎霊自身の選択の下に生まれて来るのである。だから人工受精によって誕生した人よ、自己劣等感をもつ勿(なか)れ、あなたは、普通一般に受胎した霊魂よりも高級の発達を遂げた霊魂であるのである。

迷霊の存在についての考察

●肉体は心の状態のあらわれである

人間が迷って途方にくれて手などを忘れた状態に於いては、その手を幽霊の手のような位置でフラフラさせているのは、肉体がまだ生きていてさえもそんな姿を実演するので不思議ではない。『人生手帖』の寺島文夫氏が八月五日広島で原水爆禁止世界大会に列席したとき、当時の被災者からきいた話として同誌三十三年九月号五〇頁にこう書いている。「動き出した舟の上でS氏は自分が原爆にあった日のことを話してくれた。市の郊外にあった小学校で、幸い倒壊の下敷にもならなかったが、避難してくる人はみんな、どうしてですか両手を絵にある幽れいのように中位にあげているんです。そしてダラリと下っているのはみんな焼けただれた皮がすりむけていたんです……」兎も角、人間がこんな形をするのは、心の状態の表現だから、霊界でもこのような状態の霊のある事は確かである。

●霊魂の状態は現実界に影響を与える

小児マヒの原因を、或る迷える状態における霊の念波が感応して、その霊の状態を再現したのだという理論を、非科学的だと攻撃する人は大体二つに分れている。第一は何でも彼でも霊魂などというものを説くのは迷信だという科学迷信に固く捉えられている人である。第二は霊魂も霊界もみとめるが、既に小児マヒ・ヴィールスが発見され、此のヴィールスが科学的に小児マヒの原因だと確定している今日、ヴィールス以外に「迷っている霊」などを病気の原因であると説くのは非科学的であるというのである。第一のような人には、私の著『生命の實相』「靈界篇」や、新選谷口雅春選集の『人間死んでも死なぬ』『生命の謎』、又は谷口清超氏訳『天と地とを結ぶ電話』などを読んで霊界と人間界との関係を知って貰うこと。第二のような人は、その小児マヒ・ヴィールスは如何にして発生したかを考えて貰うことです。

●ヴィールスの背後にあるもの

黴菌とかヴィールスとかいう微生物が如何にして発生したかという問題になると、「生命の起源論」というよりも「生物の起源論」として重大な問題になるのである。これは人間を構成している細胞が如何にして発生したかの問題とつながって考えられる問題である。人間の細胞が発生し増殖して行くのは人間の「生命」という霊的実在がその背後にあって物質の分子・原子を其の適当な相にならべて「細胞」をつくり出すのである。「生命」が去ったらもう細胞をつくり出さない。霊的実在が細胞を或る一定の形につくりならべる事に或る影響を与えるのは当然である。同じ土壌や肥料成分を、朝顔の「生命」は朝顔の細胞の形にならべ、ダリヤの「生命」はダリヤの細胞の形に物質の原子分子をならべる。それなら小児マヒ病源体ヴィールスの形に物質の原子分子をならべる霊的影響者がなければならない。私はその霊的影響者を霊界に於ける迷霊だと説いたのである。

●何故祖先を祀らない人でも小児麻痺にかからぬか

祖先の霊魂を祀らない人が必ずしも小児麻痺になるのではない。幼児が小児マヒになるといっても、幼児は「霊魂を祀る」というような意識が発達していないのであるから、幼児に責任がある訳ではない。従って迷っている霊が現実界の人々にその病的精神波動を送るのも、別にその幼児に特定の恨みがある訳でも、その責任を追及する訳でもない。自分自身が救われたいから、誰か親類縁者に救われたいと思って其の悲痛な「想念」を放送するだけである。

その放送の「想念」の波が全部現実界の人々に感受する訳ではない。放送局が無数にあっても波長の合わぬラジオ・セットには感受しないようなものである。だから軒並に「祖先の霊魂を祀らない人」が小児マヒにかかる訳ではない。ただその悲痛の念波を感受し易い状態にある人だけが、その念波を感受し、その念波と同じような形を肉体にあらわして病気に罹るのである。併し、放送がなければ受信機はあっても感受しないように、霊界の迷える霊を聖経の読誦によって悟らしめることができれば、病念の放送はなくなり、従って病念感受のために起る病気もなくなるのである。

●祀られない霊魂は悉く苦しんでいるか

霊界に於ける霊魂の生活状態や、その苦痛や悦びの状態は必ずしも一様ではない。祀って貰わない霊魂でも、生前、人々を救う為に無数に慈善や愛他行を実行した人々の霊魂はその慈悲愛他行の報いとして自由自在の境涯にいるし、幾度も生れ更って修行を積んだ霊魂は高き悟りに達していて、実相無礙の境涯にいるのである。だから祀らない霊魂が悉く迷っていて、その迷いの精神波動が現実界の子供に病気を起す訳ではない。またそれほど最高の悟りに達していないでも普通の高さにある霊魂は、現世と相似た生活を送っていて現実界に救いをもとめて、悲痛な念波を送っている訳ではない。霊界は大別すれば七階層にわかれていて、その各々(おのおの)の状態がどんな有様であるかは、私の別の著書『人間死んでも死なぬ』をお読み下さい。

第二部——実際篇

第四章 ❖ 霊波の感応による運命の形成

●祖先供養はこのように必要である

私は先日、書棚及び本箱を整理していると昭和四十五年四月二十四日、高知の県民ホールで催（もよお）された生長の家講習会で発表された氏原正信（うじはらまさのぶ）氏の娘さん糸川昭代（あきよ）さんの体験談の筆記が出て来たので、先祖供養がどんなに顕幽両界を通じて永久変らざる道徳の実践であるかの証明（あかし）として、その体験談の筆記を次に公開する――

●糸川昭代さんは次の如く語る

皆さん、有難うございます。（拍手）

私は、須崎の糸川と申します。氏原正信先生の娘でございます。（拍手）

この度は、父の葬儀に際しましては、一方ならぬ御世話様になり、また東は室戸の相愛会、西は宿毛の相愛会、高知県下の相愛会の皆様方、沢山の御香典、花輪、真に有難うございました。心から感謝致します。

そして、高知県の教化部におかれましては盛大に慰霊祭をして頂きまして、本当に御教えならではと、親戚一同心から感謝致しております。有難うございます。

慰霊祭の時に私、御挨拶申し上げようと思いましたけども、他様の前で涙を出すと、父は決して喜ばないと思いまして、今ようやく心が落ち着きまして、この講習会の席をお借りしまして、母はもとより親戚一同に成り代りまして、心から感謝申し上げます。有難うございました。

私の父は、三十八歳の折に破傷風という重い病気にかかって、既に一命のないところ、この生長の家の御教えに救われまして、そして三十五年間、この御教え一筋に大変生長の家が好きでございまして、皆様もご存知のあの独特の笑い、独特の信念のもとに貫き通して、そして七十二歳を最期にこの世を去ったのでございます。

私は、本当に何という倖せ者でございましょう！　日本一の父を、御教えの上では、氏原先生を、そして主人を、主人もまたこの生長の家の先生で、今では県造船に勤めています。

本当に立派な主人でございます。

その主人を導いて下さったのも、この父でございます。あの終戦のどさくさに、私は窪川町の東又（ひがしまた）という片田舎で生まれまして、この生長の家の御教えを知ったらこそ、父がこの御教えを伝えておったればこそ、今あの素晴しい主人を、与えられたのでございます。

過去二十年間私は、本当に心から感謝という感謝が出来なかった私でございますけれども、今、父が亡くなって初めて、この御教えが有難く、父が有難く、日夜もう生長の家に、谷口先生に、感謝の日々を送らせて頂いております。

私が、（こんなになったのも）こんな素晴しくなったのも、父が今から七年前に、香川県の伊吹という所に、今はヤクルトの社長さんでございます松本務（つとむ）さんという方がございます。その伊吹という所に、講演に行った帰りに、私の主人の糸川の先祖が、香川県の財田（さいた）大野という所にございます。そこへ私は、過去数年間、長男は死ぬるし、家は不調和だし、主人ともしょっちゅう喧嘩はするし、貧乏はするし事業は失敗するし、連続の貧乏に追われ、不幸に見まわれる私でございました。父が如何（いか）に、どのように言おうとも私自身の心が出来なかったために、父の言うことが素直に、「はい」と受け取れなくて、そしてこの素晴しい御教えに、生まれた私でございますけれども、私の心が至らなかったために、糸川の家へ嫁に行っても、倖せな日々を築いてゆくことが出来なかったわけです。

そして、しょっちゅう、講習会も受けさせて頂きます。練成会も受けさせて頂くにも拘らず、急に良くなるということなくして、徐々に良くなりつつ、そして今から七年前に伊吹に行った帰りに、父が、「お前は、どうしてもようならん理由がある。先祖のお墓にお詣りしたことがあるか?」とこう言うて下さったのです。

その時に私も、先祖は根だと、親は幹だと理窟では分っていますけど、〝あんな遠い所へお詣りしたって、急に良くなるもんか〟とそういうような心で、しょっちゅうおったわけでございます。ところが父は、「そういうことではいかん」とそう言って私を連れて、その財田大野の糸川家の先祖にお詣りをしたわけです。そしてその墓石の前で、生きた人にものを言うごとく、

「真に不束な娘を、貴方のお家へ嫁につかわせてもらいます。今まで忘れておったわけではございませんけれど、こやらいに追われ貧乏に追われ、本当に申し訳なかった! これは全部私の責任でございます。糸川家の御先祖様お許し下さいませ」(註・こやらい――沢山の子供を育てるのに忙しく立ち働く)

と言うて、本当に自分が悪いことをしたかのようにお祈りをしている後姿を、本当に私が

涙ながらに、父親というものは、ちっぽけな愛かと思っていたが、こんなにも大きな愛であったかと、私は何という愚かな者であったか、今はっきり分らせて頂きました。

「お父さん、有難うございます、有難うございます」泣きながら父の後をついて帰って、そして、それからというものはとんとん拍子に良くなりまして、今から三年前に多の郷の駅前に、細やかな土地も買いまして、することなすこと良くなって、本当に、ああこんなにまで良くなるんやったら、もっと早くしとくんやったと、それだけ父に救われたのでございます。

それで父も、「生長の家、生長の家」言うて家のいいえを捨ててしもうて、ああやってやるけど、ちっとは私らに、ああもしてもらいたい！　こうもしてもらいたい！　その求める気持を全部捨ててしもうて、〝何か父のためにしてやりたい！　こうもしてやりたい！〟とそういうような捧げる愛に変った時、父が大変優しい父に変りまして、それまでは道を通っても、父は、「ざっとした、へこしんどい娘持って」そういうふうにしか言わなかったです。上手なことを一つも言わん、「へこしんどい情けないもんやのう、お前は」（本人笑う）そういうふうに言う父でございましたけれど、私の気持がぐらりと変りまして、主人を拝み父を拝み、「有難うございます！　日本一のお父様、有難うございます！　日本一の主人、有難うございます！」お父さんにお母さんに先祖に、心から感謝するようになりました時に、父の心がぐらりと変ったように私は見えるわけです。父は同じもんですけど、私の気持が変って、父は本当に私に心から言うて下さったのです。

そして、死ぬる三日前に、私のところに参りまして、夜はゆっくり休みましたけど、朝になって、それが今になってみれば、遺言になっておりますけれども、「素直に主人の言うことを、はい！　と仕えてゆく、無条件に、はい！　と仕える女になってくれ。それが儂は一番嬉しい！　それが孝行ぞ」（拍手）と言うて亡くなったわけです。

それで私は、本当にお恥かしいんですが主人の方がずうっと女らしくて、（笑い）私の方がずうっと男らしい女でございます。何においても主人は、優しくて深切で丁寧で、何にもふてるくはないのですけど、私はぽんぽんもの言うて、丁度お父さんとそっくりの気性を持っていますので、本当にそうじゃ、真に悪かった！　それで何か言おうと思いましたところ、父が、「それ、言うてはいかんぞ」というふうに、むかむかっと、父の遺言が心の中で起って来るわけです。（註・ふてるく――悪い所を捨てる）

それ以来、本当に優しい、皆さん御覧になって下さい！　優しい優しい娘になりました。（笑い）これも偏に、父が守って下さっているお蔭だと、この御教えを生きぬいたからのお蔭だったと、御教えあればこそだと、さあ！　やるぞと、私もこれから一所懸命に御教えの為にやらなきゃならないと、父が亡くなって一層そういう感を深く致しました。

今までは、金、金、金、金さえあったら馬鹿も殿様、というような日々を送ってまいりましたけど、そうじゃない。「物質はない、肉体はない、心はない」とあんなに言うて、父が言うて言うて、言い死んだようなものでございます。

私は何にも要りません。ただ素晴しい糸川先生の奥さんとして、優しい奥さんになりまして、（拍手）優しい妻にならせて頂きます。

皆さん、有難うございます。今後とも、どうぞ宜しくお願い致します。そして一所懸命で、この御教えを一人でも多くの方にお伝えしようではございませんか。この御教えに救われた私は、もう誰にででも大手を振って言うことが出来るのです。

「あんなにへまな私が、こんな素晴しい女になりました」と、もうこの御教えをやったら必ず良くなる!!　という信念に燃えている一人でございます。

どうぞ皆様、宜しくお願い致します。一所懸命にやりますので、お導き下さいませ。有難うございます。

夫婦の調和は人倫の大本である

氏原正信氏が三十八歳の折に破傷風にかかって、既に一命のない所が、生長の家の教えで、命をとりとめ健康体に帰られたことは私はこの体験談筆記を読んではじめて知ったのである。それよりも私が知っているのは、氏の右腕が結核性骨髄炎にかかって、その排膿のため腕の皮膚も肉も腐爛して動かないだけではなく、実に醜しく常に膿滴々地の症状をあらわしていたのが、生長の家の教えにより、夫婦が調和し奥さんを拝む心境になったとき、その骨髄炎が治って、新しき肉があがり、皮膚が再生したのであるという体験を述べられて、その腕の腐爛の傷痕を見せながら話されたことを思い出すのである。この骨髄炎が治ったのは、破傷風に罹られた前であったか後であったかは私には明らかでないのである。しかしそれはどちらでもよい。兎も角、明治天皇の教育勅語に示されている「夫婦相和し」は、これは永久不変の道徳であって、これが「造反有理」などと言って、毛沢東流に時に応じて棄ててしまえる可変的道徳でないことは、夫婦の不調和によって色々の病気があらわれており、その夫婦の心境を「夫は妻を拝み、妻は夫を拝み」相互礼拝の聖境にまで指導してあげ、それを夫婦が実践したとき、医術ではむつかしいといわれていた難病が全治した実例など随分たくさんあるのである。まことに夫婦の調和は「人倫（じんりん）の大本（おおもと）」を成すものであり、天地の道であるから、天地の道にかなったとき、その人が生命の健康を取り戻すのは当然ということができるのである。

●病気を癒すための経（たて）と緯（よこ）との行持（ぎょうじ）

心によって病気を治すのには、本来人間は〝神の子〟であって、その生命は神より来（きた）り本来完全であるという実相を神想観によって精神を統一して観るということを経（たて）の修行とし、緯（よこ）の行持としては天地の生命を完全に直受（じきじゅ）し得るように、〝天地の道〟即（すなわ）ち正しい〝道徳〟を実践することなのである。生活に〝天地の道〟を実践しないでいて、〝人間神の子〟を念じても、その「人間神の子」は天地の道と遊離してしまっているから天地の生命を受けることはできないのである。

●一夫一婦は〝天地の道〟

一夫一婦は、永久変らざる人間の踏（ふ）むべき〝天地の正しき道〟であって、戦後、占領軍が、日本人の道徳精神を堕落せしめるため押しつけ的に定めた日本国憲法第二十四条の「婚姻（こんいん）は両性の合意のみに基いて成立し」という条項を背景に、自由セックスがみとめられて姦通罪が廃棄せられ、安心して、有夫の妻と姦通したり、妻子ある男と性交した方がアト腐れがないからとて妻子ある男を選んで性慾満足の道具にしたりする婦人まであらわれるという堕落ぶりであり、その堕落を援護する法律として、もし妊娠してアト腐れが生じそうになれば堕胎すればそれで片附くという優生保護法があるのである。しかしこのような堕落した家庭には、堕胎された子供の霊の障りや、堕胎婦人自身の潜在意識の中にある〝良心の咎め〟から来る自己処罰で、既にいる子供が不良化したり、医師には原因不明のスモン病や、神経痛や、良人の放蕩や、家族同志の不和など、いろいろの障碍をひき起している実例があるのである。「結果を見て、その樹の善悪を知れ」という法則から判断すると、堕胎は勿論、姦通や三角関係が〝天地の道〟にかなわない「人倫の大本」を破ったものであることが証明される訳である。

●右手の関節の不随も何のその

氏原正信氏は、夫婦拝み合いの道をわすれて、道を蹈みはずしていたために右手が結核性骨髄炎になっていたのが夫婦拝み合いの心境になったとき、それが自然治癒して、骨も肉も皮膚の腐爛も消えてしまったけれども、その治癒した後遺症として右手の関節が固定して動かなかった。恰度、その頃、支那事変が突発して予備兵（又は後備兵）であった氏原氏も召集された。氏は何でも曹長か准尉であったと記憶している。銃剣をもって突撃する一兵卒ではなく、軍刀をもって部隊を指揮する役割になる筈であった。しかし右腕が固定して動かないのでは軍刀を抜くことができないのである。しかし、国防のために献身したい愛国の熱情で氏原氏は左手で軍刀を抜く稽古をあらかじめしていた。さて召集されて行ったものの、体格検査を受けるときに〝右手が動かないのでは、軍刀も抜けないのではないか〟と軍医がいって、兵役免除になろうとしたとき氏原氏は「軍刀はこうして抜けます」と左の手で実に巧みに抜刀して見せたので兵役免除はまぬがれたのであった。

●忘れた時に病気は無くなる

やがて上海の戦争のときであった。ある建物に十九路軍のゲリラ兵の一団が逃げ込んだので、氏はそれを追ってその建物に入った。すると家の隅にかくれていた一人の敵兵が銃を向けて氏原氏を将に狙撃せんとして構えた。そのままの相互の位置では氏原氏に銃弾は必ず命中する近距離であった。相手を仆さねば氏原氏は自分が殺されるのである。氏原氏はその瞬間、もう〝右手が固定して動かない〟という現実を憶い出す暇がなかった。換言すれば危急に際して「右の手が動かぬ」ということを忘れたのである。病気というものは心の世界につかまれてあるのであるから、忘れたときにそれは無くなるのである。氏原氏の右手は軍刀の欛を握って敵を排除するために右に払った。相手は仆れた。仆れながら銃は発射されたので照準が狂って銃弾は天井を射ち貫いたが氏原氏は傷つかなかったのである。

●親を尊敬し、良人を尊敬しなさい、家が栄えます

糸川昭代さんは自分の父氏原正信氏を〝先生〟と呼んでいる。そして良人のことをまた〝先生〟と呼んでいる。自分の息子や娘から、親が愛と尊敬とを兼ねた意味で〝先生〟と呼ばれるような親になりたいものであり、また自分の良人を尊敬して〝先生〟と呼ぶことの出来る善き妻にもなりたいものである。このように親を尊敬し、良人を尊敬できるようになれば、家庭は調和するし、家は繁昌するようになるのである。

●家庭の不調和は不幸の基

しかし妻が良人と不調和の間は、神の繁栄の波長に合わないから、家に不幸がつづき、事

業は失敗し、貧乏の連続ということになるのである。糸川昭代さんの体験談の中に次のようにあるところに注意せられたいのである。

「過去数年間、長男は死ぬるし、家は不調和だし、主人ともしょっちゅう喧嘩はするし、貧乏はするし、事業は失敗するし、連続の貧乏に追われ、不幸に見まわれる私でございました」

これは夫婦の不調和と、あとで判るが、祖先供養の怠（おこた）りからであったのである。

●あなたは嫁入先の先祖に挨拶したことがありますか

自分では努力しながら、練成会に度々参加して修養を積みながらも、少しずつはよくなりつつあるけれども、根本的には善くなれない——こんな当時の糸川昭代さんのような奥さんはありませんか。

その理由を氏原正信氏は指摘せられて、当時から七年前、氏原氏は娘の糸川昭代さんに次のように言っていられるところに注目せられたいのである。氏原さんは娘にこういっていられる。

「お前は、どうしてもよ<u>うならん</u>理由がある。先祖の墓にお詣（まい）りしたことがあるか」

ところが、講習会にも練成会にも参加して修養した昭代さんだから「先祖は根、親は幹、子孫は枝だ」とは理窟では分っていたけれども、あんな遠い所のお墓にお詣りしたって急に良くなるもんかと思って、昭代さんはお詣りしなかったのである。ところが氏原氏は、「そういうことはいかん」といって娘の昭代さんを糸川家の先祖の墓へ連れてお詣りをして、墓石の前で、糸川家の先祖の霊に自分の娘を糸川家へ嫁に貰って頂く挨拶の祈りをしてくれたのだった。それから、昭代さんの運がトントン拍子にひらけて往ったのであった。

●結婚したら先ず祖先に報告しなさい

氏原正信さんが糸川家の先祖の墓石の前で生きた人にもの言うように祈られた言葉は昭代さんの体験談の中にもあるが、もう一度印象を深め、且つ記憶を新たにするために書いて置きたいと思うのである。

「真に不束な娘を、貴方のお家へ嫁につかわせて頂きます。今まで忘れておった訳ではございませんけれども、こやらいに追われ、貧乏に追われ、本当に申訳なかった。これは全部私の責任でございます。糸川家の御先祖様お許し下さいませ」

この祈りが行われた後に糸川家の運がひらけて来たのであって、祖先の霊の不満又は立腹が逆念となって昭代さん夫婦の運命が開けるのに障礙をつくっていたのである。

戦後の占領憲法では「婚姻は両性の合意のみに基いて成立し」とあり、先祖は無論のこと父母の合意も要らぬように定められているから、新夫婦が生じても、それを祖先のお墓へお詣りして報告しない人が多いと思われるが、それは現世の被占領下の条件下に定められた仮の約束であって、霊界に於ては、そんな占領憲法は通用しないのである。結婚というものは新生活に入るケジメの時であるから、そしてその新生活が、周囲の人々（霊界の人々をも含む）から祝福されるものであってこそ、将来、その夫婦の生活が順潮にのびて行くのである。現実界は勿論、霊界から呪詛や不平や憎悪等の逆念を送られると、人間の運命はそれだけ妨げられることになるのである。

●憎念、怨念は何処へ行くか

怨み憎しみの逆念が相手の人の運命を傷つけることは勿論であるが、相手から害を受けて、それに対して相手を憎みつづけたり、怨みつづけたりしていると本人自身の運命も傷つくことになるのである。

あるとき、阿難が釈尊に対して、「人を憎んだり怨んだりしていると、その憎しみ怨みの念を相手が受取らなかったら、その憎念、怨念はどこへ行くのでありますか」といって訊いた。

すると釈尊は、

「お前は人に贈物をしたときに、その贈物を相手が受取らなかったら、その贈物はどこへ行くと思うか」と問い返された。阿難は、

「相手がその贈物を受取らなかったら、その贈物は贈主のところへ返ってまいります」

「そうじゃろう。憎念も怨念も、相手がそれを受取らなかったら、それを送った人のところへ返って来て、自分自身をその憎念、逆念が傷つけることになるのだ」

と釈尊はお答えになった。私は仏典を読んで、〝これは良い話だな〟と思って憶えていて時々書いたり話したりするのだったが、何経にあったかド忘れしていたら、深切な信徒の方がそれは「弥蘭陀王所問経」に収められている物語だと教えて下さった。その深切な信徒の方に感謝する。

●弟を怨んでいたために弟は不運つづき

今は故人であるが、渥見巳千代さんが大阪の白鳩会連合会長をしておられた時に怨念の恐ろしさの自分の体験を話された事があった。

巳千代さんは結婚して妊娠している時に、弟と争って弟が腕力を揮って来るのでそれを避

けるために後退りしたところが、それが二階の〝上り口〟のところだったので、そこから蹈み外して墜落して、妊娠中の腰腹部を下の板の間でしたたか打ったために折角妊娠中の胎児が流産した。その時の打撲の結果、子宮に何らかの傷害を受けたと見えて不妊症になり、欲しい子宝がどうしても得られないので、自分にそんな傷害を与えた加害者として弟をひどく怨んでいた。

その怨念に障碍せられたものと見えて、その弟は職業が旨く行かず貧乏に貧乏を重ねた上に、扶養すべき子供ばかりたくさん生まれて常に生活困窮の状態にあったのである。それで巳千代さんは生活困難を扶けてあげる意味をも含んで、弟の子供の中の女の子を一人貰ってあげていたが、その子供がもう十三歳にもなるのに寝小便がやまないで世話のやける子なのである。

●弟に怨念を懺悔して和解する

ある年、大阪中之島の中央公会堂で生長の家の講演会があった。巳千代さんは、その会に伴われて出席したが、私の神想観実修の時、私の体が霊光に包まれているのを見てから家にかえると、娘の夜尿癖が消え、他の五つの病気もなくなっていた。その奇瑞に接して入信した巳千代さんは、生長の家の教えによって人を怨むことが、自他ともにどんな悪い結果を招くものであるかを知り、これは是非とも弟と和解しなければならないと思い立って大阪からはるばる弟の住んでいる東北地方へ出かけて往って「今まで私はあなたのために不妊症になり、あとつぎ息子も出来ない体になったのを怨んでいました。あなたが、いつも仕事に失敗して家が貧しいのも、私の怨念がさわりをしているのだと気がつきました。赦して下さい。わたしが悪かった、これから怨みませんから赦して下さい」と泪ながらに懺悔してお詫をしたのであった。それをきいて弟も泣いて「僕が悪かった、恕して下さい」といって二人は互に抱き合って和解したのであった。

その時、弟は感激して姉を恕したのであったが、姉が去ってから静かに自分の貧困や不幸つづきの運命を回想してみて、「この自分の不幸つづきは、あの姉が自分を怨んでいたからだ」と思うと、口惜しくて、腹が立って、姉が私を怨まなかったら私はこんなつらい人生を経験しないで済んだものをと、今度は逆に姉を怨みつづけるようになったのであった。ここに愚かな人間に懸けられた陥穽があるのである。

●全存在を洗い浄める大懺悔

「懺悔の神示」には次のように示されている。——

「懺悔は密室にて行ふか、手紙に書きて教の先達に送りても宜し。されど暗の前に、いたづらに悪評する民衆の前に、罪を暴露しても何の効なし。暗に暗を照さしむるとも何の甲斐かあらん。人は一たび真に懺悔するとき、その刹那よりその全存在は洗ひ浄められたると等しく、本来の神の子たる円相をあらはす……」(『新編　聖光録』四一～四二頁)

しかし本当の懺悔は、過去の〝悪〟を言葉の力にて強調して言いあらわすことではないのである。

「言葉」はつくる力があるから、〝悪〟を強調して言いあらわすことは、〝悪〟の上塗りがあることがあるのである。「こんな悪いことをしました。再びいたしません」と自分の心に誓うことは、それはそれで善いことである。しかし懺悔だといって自分の悪を他の人又は大衆の前で、「私はこんな悪人だ」とコトバをもって公布することは、却って将来発芽する〝悪〟の種を蒔くことになる。こんな懺悔は小懺悔であって真の懺悔(大懺悔)ではないのである。真の大懺悔は、本来、罪なく悪なく、業障なき実相を観ずることである。これを「観普賢菩薩行法経」には荘厳懺悔、無罪相懺悔と名づけて、「若し懺悔せんと欲せば、端坐して実相を念え、衆罪は霜露の如し、慧日能く消除す」と示されているのである。実相完全の相を観ずることが本当に自分の過去の業(ごう)を浄める大懺悔なのである。

●怨念の受信から来る錯誤行為

〝悪〟を〝言葉の力〟にて言いあらわす懺悔をしたために弟から怨み返されることになった巳千代さんの運命に不幸な過(あやま)ちが始まった。

それは誰かが茸(きのこ)狩に往(い)ってお土産(みやげ)に巳千代さん宅へ持って来てくれた茸の中に、毒茸が混っていたのであった。巳千代さんはそれを食すると腹痛、嘔吐(おうと)を催して激しく苦しみ出した。良人(おっと)は西式健康法の信者で、そんな時には、緩下剤(かんげざい)である「クリマグ」というのが西式健康法の研究所から発売されていて、それは健康者の便秘にも数滴を一パイのコップの水に垂らして飲めば、無害の下剤とされていたので、良人はそのクリマグを瀉毒(しゃどく)のためと思って、数滴の代りにコップ三分の一位入れて水で薄めて服用させたのであった。激しい反応が起って巳千代さんは七顛八倒(しちてんばっとう)して苦しみ、水一滴も飲むことの出来ない瀕死(ひんし)の状態になったのであった。

他から、怨まれていたりすると、食用茸と思ったものが毒茸だったり、数滴服用がコップ三分の一服用と間違えたり、衝突する乗物に選んで乗ったり、兎角(とかく)、錯誤行為というものが行なわれることになるのである。これは人間の脳髄というものが一種の精神電波の受信機であり、高級霊界からの放送霊波をインスピレーションとして受けることもできるし、迷界からの怨念や呪詛(じゅそ)の霊波をも受信して、それによって行動することもあり得るからである。前者の場合には素晴しい発明や創作や企画や構図が生まれて来るのであるが、後者の場合には、とんだ錯誤行為によって衝突したり墜落したりする乗物に乗ったり、火災を起すデパートにその時間、その場所に、みずから選んで買物に出かけて焼死の惨害を受けることすらあるのである。生長の家の神示に「汝ら天地一切のものと和解せよ」という教えが最初に掲(かか)げられているのも、そのためである。

●内部神性の導きによる病気

渥見巳千代さんは、こうして数ヵ月間瀕死の病状をつづけていた。胃腸は下剤の大量服用で、焼けただれていて飲食物が通らないので、その大半の日数は栄養注射とリンゲル氏液の点滴注入とで辛(かろ)うじて生命をつないでいたのであった。あまり症状が長びくので、巳千代さんは良人を怨む心にもなった。良人は或は故意に薬の分量を間違えたのではないかと疑うような気持が起ったりして、〝もしそうだったとしたら良人を赦(ゆる)すことができない〟と思った。〝この奇禍ともいうべき病気が治って立って歩けるようになったら、私はそんな良人となら潔く離婚しよう〟とも考えた。しかし、そう考えている間は、彼女の足は立って歩けなかった。というのは彼女の潜在意識の深層にある〝正しいもの〟(神性)が〝離婚してはいけない〟と思って、離婚の条件をつくる「立って歩ける」ことを停止しているのであった。内部の神性が彼女を導いているのであった。内部の神性が、その人を病気にして動けなくして、却ってその人を危害から救うことがある。日本の関東軍とソ連軍とがノモンハンにて衝突した時の直前のことだった。生長の家の信徒である或る将校は肋膜炎にかかって発熱して唯一人病院に収容された。彼は「自分は生長の家だのにどうして病気などに罹るのだろう」と不思議に思っていた。すると、彼の属する部隊は間もなく、ソ連軍と接触して戦闘状態に入り、ソ連軍の優秀なる戦車攻撃に耐えること能わずして、部隊の兵員ことごとく全滅するに至ったのであった。入院中の此の生長の家信徒なる将校は、はじめて、自己の内に宿る神性が、危害の生ずる予告を受信し、全滅の厄に遭わないように病気をつくって足止めしてくれたのだと気がついて神に感謝した——という体験を話されたことがあった。

●治癒を妨げている心が除かれ健康となる

巳千代さんの良人は立派な人であって、ある仏教中学の先生をしていられて、決して故意に妻を苦しめるようなことをせられる人ではなかった。それどころか、妻の苦しみを見て何とかその病苦を軽減して快方に向わせたいという愛深き念願から、私に遠隔治療をして頂きたいという手紙を寄越(よこ)されたのであった。私は早速、巳千代さんの「人間神の子、完全円満、霊的実在であるから、物質のクリマグ等によって冒(おか)され傷つくような物質身ではないのである。既に完全に健康なる実相があらわれているのだ」という実相を観じ念じたのであった。そしてその観の祈りを尚暫(しばら)くつづけて差上げる事を書いた返事を出した。

その私の返事を巳千代さんは見たのであった。そして良人が、まだ妻としての巳千代が快方に向って生存してくれることを希(こいねが)ってくれている深い愛情をもっていてくれることを知った。彼女は今まで良人を疑っていたことを心の中でお詫びした。彼女は良人が薬剤の分量を誤ったことを完全に赦(ゆる)す心になった。そしてこの「私を愛してくれる良人」のためにも早く恢復(かいふく)して健康になりたいと思った。すると私の遠隔思念の影響もあったであろうし、彼女の恢復を妨げていた良人を憎み怨む心が消えたせいもあって、グングン快方に向って兎も角、杖をつけば立って歩けるようになった。その頃私の講習会が奈良にあったので、巳千代さんは良人と共に奈良まで出て来て私にお礼を申されたのであった。

●犬の怨念の表現と見られる医師の症状

巳千代さんの健康は恢復して元気にはなられたが、やはり歩くのには一方に松葉杖をつかなければならない後遺症がのこっていた。渥見邸の裏の垣根と隣り合わせに医学博士の家があり、簡単な、目の疎い竹垣で互を隔てているだけで、両方から互の顔が見え、垣根越に奥さん同志が互に挨拶できるような間柄になっていた。医博夫人は巳千代さんが元気になったのを見て、その悦びを述べると、巳千代さんは医博夫人に、その良人の医博の近頃の健康状態を訊いた。その良人というのは北海道にいるとき、狂犬病の予防ワクチンを発明するために動物実験をして、百数十頭の犬に注射を試み、その結果を明らかにするために、犬の解剖を行なって内臓を引出して検べたり、血管等への注射薬の影響をしらべたりした。解剖中に麻酔がさめて腹部切開のまま、血みどろの内臓を引き摺りながら逃げて行く犬もあった。そんな犬をまた捕えて殺したような悲惨な出来事も時々起った。そして動物実験では、この狂犬病予防ワクチンには悪い副作用がないことをたしかめ、最後に人体実験をして、その安全性を確認したいと思って、彼はその予防ワクチンを自分自身に注射を試みたのであった。そのワクチン注射後、間もなく、彼自身の全身に痙攣が起った。そして両手の指を痙攣的に握ったまま開くことが出来ないで、その握った拳（こぶし）の形が犬の足先みたいな恰好になってしまったのであった。そして足にも同様の攣縮（れんしゅく）が起り歩行も困難となったのであった。攣縮した拳の形が犬の足先みたいになったのを見ると、誰にもそれは実験のためにころされた犬の怨霊（おんりょう）が浮ばれないで取っ憑（つ）いているのだと判断できるのであった。

医博夫人は、そのような良人の病状が一向よくならないことを巳千代さんに訴えた。それで巳千代さんは、その良人を訪問して、自分の薬毒による手足の不随がここまで治った話をして「肉体は心の影であり、心は互に通い合うから、犬の怨念も通うのであり、犬の霊を祀って聖経読誦を供養してあげたら治るかも知れぬから一度、御主人に話にまいりましょう」といった。医博夫人は、「どうぞ来て下さい」というので、巳千代さんは、表玄関の方から廻（まわ）って医博邸を訪問し、玄関の式台のところへ、松葉杖をもたせかけて、案内される儘（まま）に、医学博士の寝ている奥座敷まで往って、「肉体は心の影」で怨念が影響するなどという話をしかけると、医学博士は怒り出した。そして彼はイライラした昂奮（こうふん）した声で、「生長の家で病気が治るのなら、先（ま）ず貴女自身の其（そ）の足のチンバを治してから来て下さい」と呶鳴（どな）りつけた。巳千代さんは医博の大変な権幕（けんまく）に全身が縮まるような恐怖を感じて、もう座敷に坐っていられなくなり立ち上ると逃げるように走り出して、履物を穿（は）くと一目散に自分の家に跳んで帰り、自分の家に入ってからも座敷の上を尚走っていた。

良人は彼女の走る姿を見た。そして彼女が、先刻までついていた松葉杖をもっていないで、手ぶらで、少しもチンバを引かないで健康な歩調で走っているのに驚いた。

「お前は、松葉杖なしに走っているじゃないか。どうしたんだ？」

「ああ、わたくし、あまり急いだので、あそこの玄関口へ松葉杖を置き忘れて来ました」

彼女は医学博士に呶鳴りつけられて、恥かしいやら、恐ろしいやらで、座敷から走って逃げ出した。その瞬間、もう脚の不随も、病気のことも、松葉杖のことも、スッカリ心から忘れ去ってしまっていたのであった。心で攫んでいることを止めると、そのものは自分から離れる。病気も、不随も、彼女から離れ去ったのであった。


（編集部註――本章の中の糸川昭代さんの体験談を掲載するにあたり、昭代さんの御主人である糸川初男氏より後日譚として、その後の更なる運命好転のお便りが寄せられたので御紹介します）

合掌　有難うございます。（中略）家内の体験談の中に――多の郷の駅前に細やかな土地も買いました――とありますが、その土地へ大きな家を建てまして、その後トントン拍子に運が開けたのです。

特別丈夫な鉄骨の二階建てで（但《ただ》し基礎工事は三階建てにしても保つように丈夫にしておきました）建坪二十五坪ずつ、延《のべ》五十坪の家が昭和四十六年八月に落成しました。二階を道場に使えるよう大広間に取ってありました。四十六年十一月に長女日和《にわ》を嫁にほしいと申し込んで来た婿が、養子として入ってくれました。しかも砂利採集会社で、若い者としては高給取りです。息子夫婦・私達夫婦・私の両親と、三夫婦が一つ屋根の下で仲良く暮しております。

四十七年十一月には、私が縁あって四国一の建設会社へ、造船技師としてこれ又高給で迎えられました。四十八年五月五日孫娘裕子《ゆうこ》誕生。色あくまで白く、きりょう良しで、健康そのものです。四十八年六月、二階の大広間が幸いにして簡易旅館の許可がおり、司旅館として営業を始めました。家内は旅館を経営中です。同年十二月には所期の目的通り三階を増設しました。二階の屋上に別に三階の基礎工事を施行の上、建坪十二坪を増築。三階の屋上に国旗掲揚《けいよう》柱を二つ取付けしました。多の郷駅前には三階建てはうちともう一軒（万代建設）あるだけで、日の丸が良く見えてなびくようにとの願いもこめてあります。

昭和四十九年二月から、近くに出来た松下寿電工（ナショナル・カラーテレビ、その他の部品工場）の社内食堂と売店の経営をやらせて頂くことになりました。そこで、旅館の方は長女にまかせて、家内が二女文恵（熱海の八百半《やおはん》デパートに勤めておりました）を使って経営します。松下の工場は現在従業員三百人位ですが、千二百人から千五百人に増員予定で、松下の発展と共に糸川家も栄えます。また、三女真理は須崎高校卒業後、縁あって前労働大臣加藤常太郎先生の本宅（高松市）に二年間お手伝いとして勤めることになりました。

私は三十九年に県立北高等学校通信制課程に入学しておりましたが、それも今度四十九年三月に卒業できる事になりました。自分でも不思議に思う程運命がぐんぐんのびてきました。現在『生長の家』誌、『白鳩』誌等、直送及び一括を含めると約三百冊位愛行させて頂いています。これも五百冊から千冊愛行出来るように願っております。亡き父、氏原正信先生の遺志をついで高知県内に大きな練成道場を建設するのが、現在の私の夢です。今から十年間（私が満六十歳で停年退職するまで）の内に広い土地を買い、退職後二十年かかって建設する計画をたてており、着々と進んでおります。

今後、全国各地の生長の家の幹部が高知へ来られたら、私宅でお泊まりいただくのが、私達夫婦の念願です。

再拝合掌

昭和四十九年一月二十一日

糸川　初男
　　　昭代

第五章 ❖ 質疑に答える

本書第一、第二章は『生長の家』誌に二回にわたって発表したものであるがそれに書き残したことに関して色いろの質問が来たので、本部の教務局の泉英樹君の手をわずらわして、過去に答えたことのある垂示を探し出し、整理して新たに加筆して答えることにした。

●霊供養しても、その人が生まれ変っている場合

《質問》霊魂は輪廻転生するものと言われますが、そうすれば吾々が霊界におられると思って法養をしたり読経したりしている場合、実は霊界の方はお留守で、その霊魂は既に現界に出て来てしまっておられるといった場合があるのではありませんか。

《垂示》その人の霊魂がまだ霊界にいると思って、その人のために『甘露の法雨』を誦んであげても、生まれ変ってしまっていたら、それが届かぬかも知れぬと思われるのも無理はあ

りませんが、超短波の無線受信機を備えつけたタクシーが都会では往々走っていますが、タクシー会社の帳場から、無電で、「第何号タクシー、何処何処に人が待っていますから、其処へ廻り下さい」と放送すると、そのタクシーは何処を走っていても通じて、指令された所へその車を廻します。それと同じく、その霊魂が霊界を走っておろうが、現実界の何処かに生まれ変って来て、何処に勤めておろうが、その人を目指して放送される「真理の念波」又読経の霊波は感応しますので、受信者の現在意識は知らないでも、その人は真理の霊波に祝福せられます。その人が、現世に生まれ変って来ていましたら、その人が、世の中には何程の大した能力も発揮しないのに、大いに好運に恵まれるというような人が度々ありますが、そんな人は「真理の霊波」で祝福されて何事も、都合がよく行くようになっているのであります。（『生長の家』誌昭和三十三年八月号）

●死後の霊魂は地下に眠っているか

《質問》よく、「地下に眠る霊」ということが言われますが、肉体を棄てて去った霊は、肉体残余の雰囲気が発散浄化される或る期間を経た後、幽界に移行し、更に霊界に上昇して霊的生活を営むのが常態であって、いつまでも地下に眠るべきものではなく、特に高級霊に於ては活機臨々乎として活躍していると思いますが、その意味で墓をつくり供養することと、霊魂との関係はどうなるのでございますか。

《垂示》仰言るとおり、肉体を棄て去った霊は、〝中陰〟と称する浄化の或る期間を経た後は、幽界に移行し、更に霊界に上昇して霊的生活を営むのが常態であります。これは色々の霊界通信に鑑みて正しいということが出来ます。

併しすべての霊魂が、そのように高級霊になって、もう墓地あたりをフラフラ逍遥していないというほど向上しているとは限りません。墓地に居る霊魂はそれでも、今でもずいぶん沢山いるのであります。これは心霊学では "red spirit"（赤色スピリット）と呼ばれる種類の未発達（悟りの程度の低いという意味）の霊魂であります。

心霊学の説くように墓地には中級以上の悟りを得た霊魂はもういないと致しましても、悟りのまだ未発達の霊魂の方が数多いのでありますから、（つまり、人間界でも中級以下の人間が大多数であるように）そして、古神道の一霊四魂の説によれば荒魂は墓地に永久に鎮まりますのですから、私達が墓地にまいって聖経『甘露の法雨』を誦して献げることは、大衆救済の意義があります。

地縛の霊としての念霊

《垂示》念霊の問題があります。強く念じた念波がそのまま個性をもって独立し、或る期間、その執着したところに彷徨しているのを念霊というのであります。それはその人の分霊であり霊魂の一部であります。自分の祖先の念霊が、まだ墓地に於いて地上のものに執着し、執着した地上の事物又は場所に縛られた状態――即ち「地縛」(earth bound) の状態にあるということは何といっても、子孫として申し訳のない事でありますから、これを墓参、聖典読誦の方法によって悟らせてあげることは子孫の義務であると考えます。念霊は、その念の目的を完うした時消えます。怨霊などもそれであります。

荒魂は永く墓地に眠るということ

《垂示》「地下に眠る霊」と普通に謂う場合は、やはり墓地の「地面の下に眠る霊」という意味があるのです。肉体死後の霊が地下に眠るという観念は、〝一霊四魂〟という古神道的信仰から謂いますと、〝体〟そのものがアラワレタミタマ即ち「荒魂」であるからです。またこれを心霊学的に解釈しますと、死体を地下に埋葬する場合に、其処に、〝彼〟又は〝彼女〟が瞑目して横たわっていることを肉眼で見るものですから、「地下に眠る霊」というような観念が自然発生として起って来たのであり、それが通用語となって、それが或る種の宗教的にも信ぜられるようになったのであります。こういう素朴な信仰が一般化して、キリスト教などでも肉体死後の霊魂は、地下に眠っているというふうに考えられているのであります。

●人間の霊魂が霊界に移行する場合

《垂示》念霊及び遺骸そのものである荒魂は別問題として、人間の霊魂は、その霊魂が物質に執着している程度に従って、霊魂が肉体に獅咬みついていて、霊魂が肉体から脱出しにくい難産の状態になり、そのため、霊界への出産の苦しみ即ち所謂る断末魔の苦しみを感ずるのでありますが、神の愛はある程度以上の苦痛を与えることを避けられるので、彼から意識を奪われて、臨終に於いて彼は失神状態となり、彼の霊魂は無意識状態に於いて、霊界に誕生するのであります。霊魂は肉体から脱出した後も、各自の過去の浄不浄の因縁によって或は長期間、或は短期間、無意識状態でとどまります。それは心霊学的に言えば幽界の前室（控室）みたいな処で昏々と眠っているのであります。

● 墓地に於ける念霊及び荒魂(あらみたま)に就(つ)いて

《垂示》心霊学上からの認識では、その肉体脱出後の霊魂は、まだ肉体に執着しておりますから、念が肉体にからんでおりまして、その結果、その念霊は、その亡骸(なきがら)の埋葬されている墓地に荒魂と一緒にまつわりついていることになります。これが往々〝ひとだま〟と称する鬼火のような姿で見えることがあります。亡骸の肉体が分解して骨の形までも消えてしまっても、その成分を含む土があり、それに念波が残存している訳であります。それだから、肉体をアラワレテイルミタマ即ち〝荒魂〟と称する。これは常に永久に埋葬された墓地の地下にいるわけであります。だから一般的常識が「地下に眠れる霊」と称して、それが慣用語となっているのも、その真実を直観しての「自然的発言」であると思われるのであります。ビルマやフィリッピンやスマトラ方面へ日本軍人の遺骨蒐集(しゅうしゅう)にまいりますことも、その念霊を伴う荒霊(あらみたま)を祭祀して差上げたい誠心のあらわれであります。

● 一霊四魂の行方(ゆくえ)について

《垂示》荒魂(あらみたま)は墓地の地下に眠っていますが、遺族が家庭で祭祀しますと、幸魂(さちみたま)が家庭の仏壇又は祭壇を本拠としておられるが、まだ仏壇等に祀られず、無念の涙を注いで戦地等に仆(たお)れたまま、まだ聖経をも聴かせられずにいる人の幸魂(さちみたま)は荒魂(あらみたま)の眠れる附近に荒魂を看戍(みまも)りつつ浮游(ふゆう)しているわけです。現象界では数十年経って、世間が変っていましても、霊界と現象界に於ける時間のサイクルの差がありますので、やっぱりその霊魂は仆(たお)れた場所の地下又は草むらに残存せる遺体や遺骨に〝念の牽引力〟によってからみついているのが普通であります。幸いにその遺骨が蒐集され、葬祭の儀式を経て地下に埋葬せられたならば、荒魂(あらみたま)は末長く「地下に眠って」安息を得ることになります。葬祭の儀を経た後、四魂のうち幸魂(さちみたま)は家庭の祭壇に、和魂(にぎみたま)は招魂社(しょうこんしゃ)又は靖国(やすくに)神社等の祭壇に祀られ、奇魂(くしみたま)は実相界に昇天しますが、これらの四魂は物質ではないのですから、四つがハッキリ別々に分離しているのではなく、四魂そのままに一霊として相連繫(あいれんけい)を保ち、霊的生活を営み、その霊魂進化の程度に準じて霊界での修行を課せられ、また使命の召喚に応じて、地上に生まれ変って出て来ることになっているのであります。

●正しい信仰の対象としての守護神

《質問》守護神についてお聞きしたいのですが、「私達一人一人に守護神（霊）がついていてその人、その人を守っていられる」と承っていますが、正しい信仰の対象はあくまで唯一絶対神であって、守護神は無視されて好い——というふうに考えられるのですが、如何でございましょうか。自分一人を守って下されているという守護神を全然念頭におかなくてもよろしいでしょうか。それとも常に思い出して、感謝すべきでしょうか。

《垂示》お尋ねの、宗教的信仰の対象は、唯一絶対神でなければならないというのは、高い宗教の理想ではありますが、心霊学的に言うと、人間の霊と、唯一絶対神との間に、色々の段階の諸霊があり、秩序整然として、各々部署役割がきまっていると認められるのでありま す。守護神も、やはり「唯一絶対の神」ではない神であります。『生命の實相』頭注版第九巻「靈界篇」に、少女霊媒レイヌが「神」という語を口にしようとすると、それを高級霊ヴェッテリニが訂正したということが次の如く書かれています。

「各人の守護霊(Spirit Protector)は、なお彼らよりも一層進化せるスピリット(われわれ人間の運命を修正するある程度の力をもつものらしい)の指揮の下にある。しかもこの高級のスピリットはなおそれ以上のスピリットに支配されているのである。(註—幽界霊界には秩序整然たる階級的教職政治が存在するのである)数回レイヌが『神』という言葉をつかおうとしたのは注目に値いする。しかし彼女はそのたびごとにそれを取り消した。——明らかに、それはヴェッテリニの訂正によるものである。われらはレイヌがこういうのを聞いた――『ええ……じゃあ、われらを支配しているもの……われらの上にあるもの。』そしてある瞬間なんかはレイヌはヴェッテリニの方を振り向いていった――『では、あなたは、あなたは高級の霊界人（スピリット）でしょう。神さまをごらんになったことがおありですか？』しばらく傾聴したのち彼女はつぶやく――『ああ、そう、そう……なるほど、きわめて高級なスピリットの上にもまだ――白色のスピリットの上にもまだ――その上にもまだ――そしてまだその高いスピリットさえもその上のスピリットに支配されていますの、まあ！』」（一九一三年二月十九日の交霊会記録）かくの如く、各人の守護霊は更に、尚一層進化せる霊に支配され、その霊は更に尚進化せる高級霊に支配されて吾々（われわれ）の運命に影響を与えるのですが、直接的には守護霊（守護神とも謂（い）う）が吾々に影響を与える。たとえば、郵政大臣よりも郵便配達の方が吾々に直接的に手紙を配達して来て影響を与えるようなものである。だから、各人の守護霊に感謝すべきは当然であり、かくの如き霊に対する感謝を宗教的信仰と名づくべきか否かは、名称のつけ方によるのであって、信仰の内容そのものは、名称のつけ方で変らないのである。恩に対して感謝する心は道徳心でもあるが宗教心でもあります。

●守護神の種々相及び諸段階

《垂示》守護神は、生れるときに産土神様に選ばれて適当な神格を得た祖先の霊が守護のために選ばれてついておられるのである。これは正守護神であって、生れてから現世の生活が終るまでつづいて護っていられる。現世の人間が特に重大な使命又は役職についたとき、その職務に従って、その方面に堪能な霊が特命守護神としてつくのです。例えば総理大臣になったり、閣僚に任命されたりした時の如き場合です。

守護神と守護霊との両語はつねに混同して使われていますが、特に偉い方が守護神で、資格の低い方が守護霊だという風に分けて考えないがよろしい。一般的にどちらも守護神と言ってよろしい。

●副守護神とは如何なる霊か

《垂示》副守護神という場合は、概して悪い意味をもっています。動物の霊とか、迷っている人霊とかが、本人の心境が迷った程度で、その想念の霊波が動物霊（又は迷える亡霊）に対して波長が合うというような場合にそれが憑って来て、本人の行動や想念を支配したり、影響を与えたりするのです。

その人の本来の守護神即ち正守護神が守護しようと思っても（守護するといっても霊ですから、肉体の手で引っぱるんじゃないので、霊的波動によって指導するのであるが）本人の心境が堕落していると、自己の霊波が正守護神の霊波の周波数に波長が合わないから、正守護神の指導がうまく行かないのである。そんな場合、波長の合う低級霊が牽引せられて副守護神として本人を支配することになります。

守護の霊と波長の合う、合わぬはラジオ放送と同じことです。例えば自分が常に聴く放送はNHKの第一放送だけれども、その方に波長が合ってないと他の放送が聞えるのと同様に、本来は正守護神の霊波の導きに感応する筈なのだけれども、本人の心の波長がくるっているので副守護神の示唆に感応し、それによって無線操縦されて益々堕落の道を辿って行くのもあるのです。

● 守護神に対する礼拝感謝

《垂示》正守護神というのは祖先の霊魂のうち高級霊となっているものが選ばれているのですから、祖先をよくお祀りして感謝のために毎日一定時刻に聖経『甘露の法雨』を仏前又は祭壇に向ってお読みになれば、それが守護神に感謝していることになっています。しかし、人によっては特命の守護神が幾柱もついて守護し導いていられるので、そういう守護神たちにお世話になっていることを思い出し、感謝されることはよいことであります。そういう場合には、朝の礼拝のとき、聖経読誦の前に、額き、「常に御守護下さいます守護神さま、有りがとうございます」とお唱えになれば好いのです。皆さんは練成会での神想観のとき、招神歌をうたった次に、「天皇陛下、ありがとうございます。天照大御神さま、ありがとうございます。住吉大神さま、ありがとうございます。八百万之神さま、ありがとうございます。産土之神さま、有難うございます」と唱えるように教えられたことがあると思いますが、それにつづけて、「守護神さま、日夜の御守護を有難うございます」と唱えて感謝するとよろしいのです。更に礼拝の時間が許せば、天地万物に感謝の言葉を唱えることは好いことです。「天地一切のものに和解することは天地一切のものに感謝することである」と教えられているのですから、常に万物の御恩を思い出して、感謝することはいいことです。仏典に「衆生仏を憶念すれば、仏衆生を憶念し給う」とあるとおり、吾々が守護神を憶い出すとき、その方へ自分の心が振向く。すると、守護神はいつも守護しておられるけれども、特にそこへ私たちが心を振向けたとき、守護神も特に我々の方へ心を照準して、波長を合わして下さるということになるから、守護が一層完全に行われるということになるわけです。邪念を起しておれば邪念の悪霊に感応するし、守護神に感謝の心を起せば守護神に感応する、ということになるわけです。ですから宇宙遍満の絶対神に感謝すると共に、祖先霊に感謝し、産土神に感謝し、守護神に感謝するということは、常に怠らず、暇ある毎に、心に神名を唱え、感謝することは好い事であります。

●天照皇大神宮と祖先霊とを同列に祀ってよいか

《質問》私の家は分家ですので、今まで神棚に天照皇大神宮をまつり、それと一緒に「○○家之霊位」と書いて、先祖を一緒にお祀りしてあるのですが、これではいけないでしょうか。また分家である場合には、長男が本家で祀っているんだからとて先祖をお祀りしてない場合が多いのですが、全然祀ってない家庭の先祖祀りはどのようにしたらよろしいのでしょうか。

《垂示》神棚と仏壇とはやはり別々につくってお祀りした方がよろしいです。それは、先祖の霊魂は、高い階級の霊魂もあるけれども、ごく新仏も混っているわけである。ところが、天照大御神は（いろいろの説があるけれども、宇宙普遍の大神という意味なら、普遍平等でいいわけですけれども）日之大神として国家及び皇室の祖神として天照皇大神宮の大麻は祭祀されているので、その神格が高いのです。あまり神格の高い霊と、新仏みたいなまだ死臭を脱していないような低い霊魂と一緒に同列に祀ると、それは礼儀を失したことで、不敬にもなります。また同じ神棚に同じ高さで一緒にまつられた場合には、まだ悟っていない低い霊たちは、天照大御神のお側では畏くて、かえって畏縮してしまって充分活動出来ないし、また逃げ去ることにもなるので祖先祭祀の道に適しないやり方です。

神道の人は神棚で神道式で、祖先霊を祀る事は、それでいいですけれども、天照大御神をお祀りするお宮と、祖先霊をお祀りするお宮とを別にこしらえる方がよろしいです。天照大御神のお宮の方が神格が高いから、座を高くして互いに比較上大きなお宮に入れて、御祖先の霊は小さい方のお宮に、一段低い座にお祀りになる方がいいのであります。神祭用具を売っている店にお出でになれば、大神宮祭祀用や稲荷祭祀用や個人霊を祭るお宮を別々に造っていますから其処で求めればよろしい。

●分家の人は家に先祖祀りは不要か

《垂示》分家であるからとて、先祖祀りをしていないということは、やはりよくないことである。何故かというと、先祖を祀るということは、祖先の霊が迷っている場合には、真理のお経を供養することによって悟りを深めて頂くことにもなるけれど、祖霊祭祀の意義は、祖先に対する報恩感謝の心を自分が起こすということが根本であります。だから、先祖がみんな悟(さとり)を開いて高級霊になっていたら、何も祖先を祀る祭壇など設けなくてもよいかというと、そうではないのです。常に〝自分は祖先あってこの地上に生まれさせていただいたのだから〟という因(もと)を知る心を起して、祖先に感謝礼拝するという事が大切なのです。知恩感謝ということができるのが悟りの心であります。

　つまり〝悟り〟ということは、ここに生きている此(こ)の個人としての生命が、神に始まり、祖先を通し父母を通して全体の生命とつながりがあるという自覚が、悟りなんです。その悟りを如実に報恩の姿をもって表わすのが、祖先祭祀であって、そこに神と祖先の諸霊たちとの生命的一体感を起こすことになる。それが先祖祀りということの意義なのです。ですから子孫が感謝の心を起こすことが、祖先が一層良き悟りを得る契機になるわけです。

　そういう意味に於(おい)て、祖先祭祀は必要なのであるから、祖霊(それい)は本家が祀っているから、分家の私は祀らないでよいというのは間違いなのです。分家も本家と同じように祖先を祀ることによって子孫たる自分も悟りを高めるのであります。

●『顕浄土成佛經』について

《質問》先祖供養をおこなう時に、『甘露の法雨』と『顕浄土成佛經』とを併わせて読誦するとよいという事を承りましたが、この際『顕浄土成佛經』はその親族又は縁者の死去後、何日目から誦げればよいのでしょうか。

《垂示》『顕浄土成佛經』は、私（谷口雅春）の養母谷口きぬの百ヵ日法要追善供養のために私が創作して献げたものでありますので、この意味からすれば百ヵ日目から読誦してもよいし、また『顕浄土成佛經』の中には「幽体浄化の四十九日の期間を終へて」とありますように、四十九日目から読誦されるとよいでしょう。これは何故かというと、霊魂が霊界へ移行した際に、未熟な霊魂は、肉体の生前の三業（意業・口業・身業）の不浄なるものを浄めるために、病気の苦痛を経験することになりますが、前に言った事がある通り、ある程度以上の苦痛は、神の恵み深き摂理によって〝意識を失う〟という方法によって回避されることになっておりまして、このために一時その霊魂は意識を失ったまま霊界の待合室つまり〝冥界〟みたいなところへ移されて、そこで最近に肉体を脱出した霊魂から、肉体の病気中の雰囲気や屍臭の〝移り香〟などの不快臭を浄化し去るために、ある期間滞在せしめられることになっているのです。この期間を仏教では「中陰」と称して、まだ霊界のどの位置に往くべきか定まらない期間です。その期間はだいたい七週間で、四十九日とされていますし、神道では死の直後より五十日目とされていて、神仏いずれも同じ長さの期間になっているのであります。その後に冥界の薄暗い前室から解放されて、受持の高級霊の案内によってその霊魂が割当てられた幽界の位置に行き、そこで修行することになるのであります。

ですから、『顯浄土成佛經』は一応この浄化の期間を終えて霊魂が霊界の修行時期に入る四十九日目から読誦を始められればよいのです。だいたい聖経『甘露の法雨』や聖典等を霊魂の供養の意味で読誦されることは、相手たる霊魂に対し〝真理と愛念〟を送ることになるのですから、必ずそれが念送されて、祭祀されている霊魂の霊界での助けになりますので、その意味では特別な期限はなく、何日からでも、読誦されればよいので、死後直ぐ聖経を読誦してあげることも結構であります。霊魂浄化を促進する助行となります。

● 無縁又は他家の墓石の移転について

《質問》自分所有の土地内に、他家の墓石があり、しかも相当に古いもので、その祀っておられた家の人がみな他所へ移ったらしく放りっぱなしの状態になっているのですが、これを処理するにはどうすればよいでしょうか。

《垂示》祀り主が分らなくとも、そういう古い墓石はそのまま祀ってあげた方がよい。無闇にこわしたり処理したりすると、その墓石に祀られている霊魂の怨(うら)みの念を受けたり、復讐的に害を加えられたりする惧(おそ)れがある。自分の土地であっても個人として、そういう他家の墓を処理することはしない方がよい。併(しか)しその土地を利用するために墓石の位置を変更する必要がある場合には、その霊にその理由をつげて聖経を誦(あ)げてから移転するがよい。また墓石を全然除き去る場合には、墓石の代りに、そこに祠(ほこら)を建て、土地の守り神として祭ってあげるようにすると、その墓に祭祀されている霊が神通力のある霊魂であればその土地及び祀り主の人を守護して福をもたらして下さることもある。又寺院に頼んで祀ってもらうことにするのも無難であります。その場合はお坊さんに充分相談して、鄭重(ていちょう)に儀式をして貰(もら)い、素人考えで粗忽(そこつ)な取扱いをしないが宜(よろ)しい。

●婚家の母と信仰が異る場合

《質問》婚家先の母がキリスト教で、私が先祖祀りをしたいと思っても母が先祖祀りをさせてくれないのですが、どうすればよいでしょうか。

《垂示》先ず第一に、その母を一番身近な先祖と思い、真心をこめて供養する気になって一所懸命に仕えることです。その真心があればお母さんも貴女の気持を解って下さるようになります。

先祖供養は形ばかりではありません。形よりも先に、供養の真心が大切です。この心があれば、結婚した時に、夫婦そろって先祖の御霊前に報告されるでありましょうし、婚家の母の信仰しておられる教えや代々の宗旨を大切にされる姿勢が自然にとられて来ることになると思います。――供養ということは、形に祀る以前に真心と感謝の気持がなければなりませんので、婚家先の代々伝わっている慣習なども軽んずることなく遵守しながら仕えるようにされるとよい。

次に、貴方自身が心の中に充分祖先に感謝し家族に感謝し礼拝する姿勢が出来てくれれば、それが、現象面にも現われて、家庭内でのお母さんとの信仰の違いなども当然、自然に解消されて来るはずです。心の世界で母嫁一体になったその時に万教帰一の真理をお話してあげ、「先祖祀りとは宗派を越え、人間の当然の義務として行なわなければならない」という意義を真心をこめてお話しして理解していただき、形の上でもお祀りするようにすればよいのである。

●自殺又は情死した人の霊魂を救うには

《質問》戦後、自殺したり心中したりする人が多くなったということが新聞やラジオ等で報ぜられていますが、こういう人の霊魂は霊界でどうなるのでございますか。またこういう人を祀ってあげるにはどうしたらよろしいでしょうか。

《垂示》自殺又は情死した場合は、死期未だ至らざるに霊魂を肉体より引き離すのでありますから、出産時の難産と同様、非常に霊魂は苦痛を感じ、苦痛の極、失神して無意識状態にて霊界に誕生致します。その間にその死体は火葬に付せられますけれども、霊魂は、無意識状態にあるときの火葬なので、自分の肉体が焼かれてなくなったことを知りません。そのうち、霊魂が意識を恢復しますと、その時彼は、「一時失神していたが、ああ気がついた」と思うのです。すると、自殺又は情死遂行時に行なった行為を思い出します。ところが、霊界は「心の世界」であり、霊魂の体は「想念の体」でありますから、例えば、服毒したものならば、それを思い出すと共に、服毒の状態が自分の体（霊体）に再現し、短刀で咽喉をついて死んだ場合には、それを思い出すと共に、短刀が咽喉に刺し込まれている状態が自分の体（霊体）に再現します。ところが、現実界では死体は焼却してしまった後ですから、医師が来る訳でもなし、従って、その服毒の苦痛又は、短刀で自殺した傷の苦痛を癒す処置がとられないので、非常に長期にわたって、自殺の時の苦しみをつづけて味わっていなければならぬのです。数十年間も咽喉部に短刀を突き刺した「幻想の霊体」を自分自身の現実として体験しながら、地獄の苦しみをつづけているものもあるのです。こうして長期間の苦しみの後、その苦痛で稍々業が解消した頃、霊界で審判の法廷に付せられ、それぞれの過ちに対して、それぞれの霊界での位置が与えられることになるのでありますが、それは非常に後のことであります。こういう尋常でない死に様をした人がある場合には、肉親の方が特にその人の霊牌をつくり、お祀りしてあげ、聖経や聖典等の真理をその霊魂に向かって繰り返し読誦してあげ、「肉体本来なし」「罪本来なし」の真理を悟らせてあげるのが、根本救済の道であります。これらの霊は、「肉体本来無し」「罪本来無し」の真理を悟ったとき、その幻想の体に感じられる苦痛及び業果としての苦痛から解放され、救われることになるのであります。

●先祖供養の際に実相円満誦行をしてよいか

《質問》先祖供養をおこなう時、「実相円満完全」の聖句を繰返す誦行をしたいと思いますが、かまいませんか。それからまた、誌友会等で祖先供養祭を行なう時、終ってから座談会や誌友会など行なってもよいものでしょうか。

《垂示》家庭で行なう供養では（朝夕の聖経読誦など）聖経読誦後適当の回数だけ家族揃って実相円満誦行をするのはよいことです。また、誌友会や、生長の家の信徒の方々が多勢集まられて供養の会を行なわれる時には、一応式次第が定めてありますので、供養祭は供養祭として式次第が終了して後〝実相円満誦行〟を適当に修せられたら、時間的にも可いのではないかと思います。

それから、先祖供養の後の誌友会等は、出来る限り開催するようにして下さい。特に新しい方が出席されている時は、祖先供養の意義を話してあげる事が大切です。既に各地で先祖供養を中心とした誌友会を開いていられる所では祖先霊の悦びの御協力も加わって、目立って誌友信徒を多勢拡大しておられる所があります。

●仏壇及び位牌のしつらえ方について

《質問一》新しく仏壇を造りたいと思うのですが、仏壇の形や、大きさなどはどのようにすればよいのでしょうか。仏壇はやはり大きな方が好いのでしょうか。

《垂示》仏壇の大きさや形について余りとらわれる必要はないのであります。祖先に対する感謝の気持の現われとして、自然に大きく立派なものにしたいと思えば、それもよいことです。また、それかと言って必ず大きな仏壇にしなければならないということはありません。自分の家の仏間の大きさや、仏壇を置く部屋の大きさなど、また経済力に見合わせて、自分の気持の納得する大きさの仏壇を造られて、祖先を尊び、祖先に感謝する心で充分供養してあげることが大切です。形や大きさなどに余りとらわれて左顧右眄することはありません。ただし、大きい仏壇から小さな仏壇へ移すような場合は、事前に祖霊にその小さくせねばならぬ理由を申し上げて諒解を得ておく必要があります。

《質問二》位牌の大きさはどの位が好いのですか。また古くなった位牌を新しい位牌に換えたい場合にはどういう風な処置をすればよいでしょうか。

《垂示》位牌の大きさは、仏壇の大きさに応じてつくればよろしい。別にきまりはありません。宇治宝蔵神社でお祀りしている霊牌は、縦一八・五センチ、横五・五センチとなっておりますが、だいたいこの位を基準とすればよいでしょう。小さい仏壇なら、それに応じて小さくして差支えありません。

　古くなって汚れたり、くすんだりしている位牌を新しくしたい時には、鎮魂の仕方と同様の祭式で霊移しを行なって、（本書二一〇頁「位牌と鎮魂の仕方」の項参照）霊に新しい位牌に移ってもらうようにすればよろしい。残った古い位牌はお寺で処分してもらうか、生長の家の人であれば宇治別格本山に送って、処分してもらうもよろしい。また、自宅で聖経を誦しながら清浄な火で焼却するのもよろしい。焼却するとき、その炎を見ながら聖経読誦しながらその霊の向上を希う厳粛な気持で行なうことが必要です。

《質問三》位牌の並べ方ですが、家族の場合と父方母方の先祖代々の霊を祀るのと、その列べ方にはどういう序列があるのでしょうか。

《垂示》位牌の列べ方について、家族の場合父母を中心として尊崇するという意味から、左の如き列べ方を一つの基準にされると好いでしょう。併し、場所の広さの関係もあるので是非ともこの通りに列べなければならないこともありません。

〈家族の場合〉

⑤　家族

③　家族（亡くなった人の内最年長と思われる人）

①　父の位牌

（本尊）仏像又は仏画……

②　母の位牌

④　家族

⑥　家族

〈先祖代々の位牌の場合〉

母方の位牌
父方の位牌＞夫の

（本尊）仏像又は仏画……

父方の位牌
母方の位牌＞妻の

●墓地及び墓石について

《質問一》墓石は各人ひとりひとり別々に建てないといけないのでしょうか。それとも「○

○家先祖代々之墓」又は「倶会一処」として一基の下に、その地下室に家系一同の遺骨を皆納めるようにしてもよいでしょうか。また墓石に刻む文字はどのような語句とすればよいでしょうか。

《垂示》墓石は各人ひとりひとり別々に造らなければならぬと説く人もあります。その場合には、父母や祖先の墓石よりも大きいのは順逆の秩序に背くからいけません。故人が生前に個別的に造ってくれる様切に要望していたならば個別的に造ってあげるのが宜しい。併し個別の墓を子々孫々と次第に父祖より小さい墓石を順次つくることになると長期間のうちには、あまりに小さな墓石をつくることになって淋しい感じがします。また各人個別的につくるには、墓地の広さにも制限があることですから、「倶会一処」又は「○○家先祖代々之墓」として合祀する墓をつくり、その中に死後五十回忌を経た霊は既に私心を浄化できた霊としてその骨壺を順次合祀の墓に納めて個別の墓石を減らすのも結構です。合祀する墓は〝五輪の塔〟を建てその地下の唐櫃に骨壺を安置します。

墓石に刻む「先祖代々之墓」等の語句については、代々の宗旨のお寺に相談して決めればよいと思います。

墓石の裏又は左側に祀られている人の名と逝去の年月日年齢を刻み入土の記録とする場合

もあります。そんな事は各宗の慣例に則(のっ)とるがよいので、霊の悟りや向上には関係がないことであります。

《質問二》墓石の下部にコンクリートの納骨室を造り納骨しても宜しいですか。それとも納骨室の下方はコンクリートにせず土の儘(まま)にすべきでしょうか。

《垂示》霊魂の脱した屍体(したい)は、出来るだけ速く自然に還元するようにしてあげることが霊魂の地上に生まれ変って来るのに便利なのです。大地と縁(えん)が続いているからです。その意味では底部までも全部コンクリートで密閉された納骨室の中に骨壺を安置することは地気(ちき)から遮断(しゃだん)されることになり大地と因縁が切れて霊魂にとって生まれ変りに不便になりますから、感心しません。出来れば下方を土のままにして、骨壺は土の上に安置して地気と接触出来るようにしてあげることが好ましいのです。しかし、密閉してあっても霊魂は時期が来れば生まれ変ることができます。しかしそのようなとき生まれ変りの条件を整えるために霊魂が一層苦労しなければならぬので、生れ変りの時期が遅れることになります。

《質問三》他の家の霊を祀ってあるお墓で聖経を読誦するのはいけないでしょうか。

《垂示》自分の祖先のお墓で、祖先及び縁者の霊に対して聖経を誦げることはよろしいが、他家の墓や共同墓地で矢鱈(やたら)にその諸霊のために誦げるようなことはやめた方がよいでしょう。

これは墓地に住む霊魂は、未だ悟を得ていない霊魂が多いわけですから、聖経をあげている自分に霊的力の足りない場合、迷える亡霊達にたよられて、それをさばき切れないことになることがあり、そのため禍を受けることがあります。だから修行の足りない人や霊的力のない人が他家の墓や共同墓地で矢鱈に聖経を誦げたりすることは愛念ではありますが、しない方がよいのです。

《質問四》今度古い墓を改造したいのですが、その場合、多少墓地を掘り返したり、墓石を一時移動させたりすることはいけないでしょうか。それから新しい墓石をつくる時には、その大きさは如何にすべきか、又古い墓の土を入れないといけないと聞きましたが、必ず入れないといけませんか。

《垂示》改造する為なら墓地を掘っても、墓石を一時移動させてもかまいません。ただし、その場合、祖霊に事前に御報告申し上げ、「○月○日、斯様な理由にて改造したく思っておりますので御承知下さい」と先祖代々の霊に充分理解しておいてもらうことが必要です。丁度これは、家を建てかえるようなもので、なんの予告もなしに突然工事に取りかかったりしますと、そこに住んでいる人が吃驚して怒り出したりするのと同じ事です。事前に御報告申し上げ、了解してもらっておけば問題ありません。

次に、新しい墓石の大きさなどは他人の説にあまりこだわる必要はありません。（ただし大きい墓から小さい墓に変える事は、余りしない方がよろしい）古い墓の土を入れるがよいというのは遺骸も遺骨も土に還元していても、その土にはその霊の荒魂（あらみたま）が残っているから、その土を入れることによって荒魂をお祀りすることになるのです。要は形式よりも、真心をもって祖霊を供養することが大切であります。

● 墓地参拝及び屋敷神の祭祀について

《質問一》墓が遠すぎてお詣（まい）り出来ない時はどうすればよいでしょうか。墓を近くに移転して宜（よろ）しいですか。

《垂示》祖先に本当に感謝の心があるならば、海外移住者は別として日本内地に住んでいる限り、遠すぎる距離というものはありません。遠いと思うのは、自分の心が祖先から遠くなっているのです。日本に住んでいる以上、距離的に年に二～三回位詣れない人は無いと思います。その費用はあなたに本当に祖先を大切にする心があれば、祖先の霊の守護によって、家業も栄え、経済的にも豊かになり、決して不自由することはありません。墓地は草茫々（ぼうぼう）と生やすようではいけません。墓地に近い親類の人又は知人、又は供花（くげ）を業とする人に頼んで墓地の清掃、草取り、供花等を委託しておかれるがよろしい。

若し何かの理由で墓参出来ない時があっても、自宅の仏前で毎日聖経を誦げて幸魂を供養してあげればよろしい。そして祥月命日とか、お盆とか御彼岸とか、適当な時に墓参なされば好いのであります。

《質問二》屋敷内に諸々の屋敷神を祀っている方がありますが、これは祀らなければならないでしょうか。二つも三つも前々から祀ってあって困っている人もあるようですが、その場合適当に処理してはいけませんか。

《垂示》屋敷内に過去から祀ってある諸天善神は処理したり取払ってはなりません。それらの神々は多分、ある程度の神通力があり、今まであなたの屋敷内を守護し、家族を祝福して下さった諸天、諸霊でありますから、常にお米とお塩とお水とを供養し、聖経を読誦して感謝申上げるようにしますと、一層神通力を増し守護の力が増大して、あなたの家運が栄えることになります。

●事故、天災等による急激な死は何故か

《質問》とても立派な人格者のような人で、交通事故等で突如として他界せられることがあ

りますが、それは何故ですか？

《垂示》突然の死のように見えるものも、すべて予定されたる死である。死期は予定されていて、死の場所に誘って行く霊界のメッセンジャーが、その人を死の場所に導いて行くのです。惨害に遭って死んだからとて、その人が惨害に遭わない人よりも一層罪が深いという訳ではありません。今惨害に遭っていない人も、やがて惨害に遭うかも知れないのです。私の訳した『靈界の妻は語る』の本の中には飛行機事故で突然死んだ霊魂が、死の直後、意識を恢復して交霊会で通話したという実例が載っていますが、死の直後、すぐ意識を恢復しているのは高級霊でないまでも低い霊魂でない証拠です。しかし突然の急激なる打撃（例えば不慮の災禍）で肉体が死に、霊界へ移転する霊魂は、急激に、その人の霊魂が今までの業を離脱して急速に浄化向上するための摂理です。地球の一周期の終りに世界的な大戦争や、大々的な天変地変などで多数の人類が大量死滅することもあるのも、地球の一周期の終りには、地球上の人類のうちの或る周期に地上に他の天体から移動して来た霊魂の総決算期が近づいているので、浄化すべき業は、速かに浄化して置かなければならないからであります。突然の災禍で肉体が死に、霊魂が肉体を脱け出す時には、肉体は魂の住む「宮」又は「家」であるから、家が急激に地震などで崩壊するときには、急に大急ぎでその家から住む人が何物もとりあえずに飛び出すのと同じように、その人の霊魂は自分の身についた業を何物も持たずに、謂わば丸裸で肉体を飛び出すので、その人の業が速かに潔められるので、その人の霊魂にとって寧ろ祝福さるべきことなのです。それは決して神罰ではなく愛ふかき神の摂理です。魂の発達の傾向があまりに方向が外れているときには、不慮の災禍で肉体が死に、魂がとるものも取り敢ず「肉の宮」を飛び出すために、今までの業（即ち心の習慣性）を霊界へもって出るひまが無く魂が浄められるように摂理の手が導いているのです。

●祖先供養は子孫の繁栄の基礎となる

《質問一》私は六人兄姉の中の三男に当る今の夫と結婚して十五年になります。

私は結婚当初から墓参は欠かしたことはありません。初めて夫と共に墓参した時は、実家と同宗であったことに驚きましたが、それにもまして驚いたことは、墓石がただ立っているというだけで、花つぼも欠けているし、墓石もボロボロに欠けて見る影もなく、お化けが出そうに感じ、私は異常なショックを受けました。こんなことではならないと思いつつ何年か過しましたが、お寺の方から「お兄様のところへ通知を出しても返事がないから、貴方の方へ通知をしたいと思います」との連絡を受け、それ以後私も嬰児を一人亡くし、そのお寺に一緒に祀らせて頂いている関係上、色々お兄様に代ってお世話をして来ました。しかし、お世話させてもらう事は嫌ではないのですが、どうも納得行かないのです。

お墓の修理の事なども、何年も前から夫から兄へ相談を持ちかけても、兄達の家はいつも不運で、事業の失敗もあり金銭面で豊かでないためか、何の反応もありません。私は、自分達の預金を一部さいてもよいから、これに足してきちんとした墓にしてもらいたいと思いますが、これは兄達の権限でもありますので、余計な差出口（さしでぐち）は控えた方がよいように思われますので、五年も七年も過ぎております。いつかは兄達がちゃんとするだろうと信じておればそれでよいものでしょうか。

私の夫も職運も余り開けず、最近も会社が不況で転職しました。夫は技術もあり、人の信用も厚く、真面目一点張で働きもので私も感謝しておりますが、五、六年もしたら主人の会社が頭打ちの状態になり、不運に見舞われるのです。

《垂示》時々、三男だから、五男だから先祖祀りをしないという人があるが、それはよくないのです。子供達がまだ成人しないで、親の居る間は、その家の仏壇や神棚を礼拝したらよろしいけれども、一人前になり、自分の住居を持つようになったら、各自の住む家に仏壇又は神棚をつくって先祖の霊をお祀りすべきものです。それらの祭壇は先祖の霊が子孫を守護する霊波のアンテナになるのであります。アンテナがないとどんな良いテレビ番組の放送があっても受像できないようなもので、子孫が繁昌することが出来ません。兄弟が皆祀らなくとも、祖先の霊は長男が祀って、よく供養すればよいようなものですが、霊魂の方から言うと諸方に自分を祀る祭壇がつくられることは、諸方に時々訪問できる別邸が出来るようなもので悦ばれるのです。

旧憲法の頃は、家督相続ということがありましたので、家督を相続した長男が親の家を貰い、その家の仏壇もお墓も長男が特に責任をもって鄭重にお祀りしたものですが、新憲法の影響で長男が先祖祭祀の責任をもたない昨今では殊更、次男、三男がいずれも自分が責任をもって先祖供養を大切にすべきであります。近頃のように結婚すれば核家族となり、父母、祖先と分離する場合はお墓も分家の墓を建てて、そこに祖先を招霊し、その墓に分家の子孫の霊が納まるべきものであります。

本家の墓が非常に大きくて、分家の子孫もみな入れてやると言われたら、「倶会一処」で仲よく賑やかなことであろうけれど、祖先の墓が子孫の骨壺を包容できる大きなものでなかったり、子孫が郷里を離れて遠い都会で勤務するために、度々郷里の墓にお詣して供養できない時は法律上の問題は別として、子孫たるものは、その祖先の分家たる自覚をもち分家の墓を建てるべきものであります。これは、墓を建ててやらねば祖先が困るだろうと祖先を軽蔑する意味ではなく、祖先・父母に対する〝恩を知る〟者の報恩の心を起すかどうかの問題が主となるのです。三男である貴女の夫は、まだ分家の墓を建てる時機ではないでしょうから、長兄、次兄が修理をやる経済力がないのなら、三男がやられればよいのです。これも報恩感謝の心からであります。大地は神、根は祖先、幹は父母、自分は枝であって、その枝に繁昌の花が咲くには根となるべき先祖を培かわねばなりません。兄達に遠慮はいりません。兄達に相談をもちかけても、兄たちが為す力がないのですから、もはや遠慮を捨てて、一日も早く修理されたらよいのです。他に遠慮して、父親をみすぼらしい墓に入れて放って置くことは、親や先祖に対して相すまないことです。先祖を見苦しい哀れな状態に捨てて置くような心懸けでは運命は好転するはずがないのです。

兄達が事業に失敗して貧乏だから墓修理が出来ないのではなく、先祖まつりをおろそかにしているという「根を培わぬ心」だから、家運が繁栄しないのです。貴女たち夫婦も、心にかけながら実行しないで、くよくよしておられる間は、夫の職業も不運つづきで前途が暗いのです。若し貴方達の肉親の方に哀れな死に方をされた人がいましたら、その方々の為には尚、一層速かに善処してあげるが愛の道です。差出口だの、出すぎた行為などと考えて躊躇する必要はありません。長男だけでなく、二男も三男も子孫としての報恩感謝の道徳的責任は同じことで、善処された時、「与える者が与えられる」の法則に従って貴女（あなた）の報恩感謝の念と行為が貴女の運命を好転させてくれます。

《質問二》 祖先供養と神想観との関係を知りたいのです。神想観を自宅でする時、家では仏壇しかありませんので、仏壇の前で実修するのですが、それでよろしいでしょうか。

《垂示》 神や霊をおまつりする祭祀には幽斎（ゆうさい）と顕斎（けんさい）とがあります。儀式、献饌（けんせん）、礼拝、読経（どきょう）等は顕斎であり、形に顕（あら）わしてお祀りするのであります。神想観は、その幽斎にあたるのであります。（本書二七頁「幽斎と顕斎について」の項参照）その神想観の中で、祖霊と一緒に神想観するつもりで祖霊を呼び出して実修されるとよい。そうすることによって、即ち祖霊を心に唱えて、「これから神想観いたしますから、私が真理を念ずる如く、同じ真理を私と一緒にお念じ下さい」と前置きしてから自分は、普通に神想観してよろしいのです。すると招霊された諸霊も一緒に神想観し、霊界で苦しんでおられる霊魂があれば、その苦悩を神想観により実相・無憂の状態を観てあげることによって解消してあげることになります。

また「如意宝珠観（にょいほうじゅかん）」の神想観を行なって、その念ずる際「住む人悉（ことごと）く身健（すこや）かに、心美しく、相（すがた）形美（うる）わしく和顔愛語讃歎に満たされたり」の次に、「吾（われ）ら祖先の諸霊悉く皆悉くこの実相界に摂取せられて一切の苦悩消滅し如来の徳相を成就し給えり。われ今これら祖先の諸霊の光明燦然（さんぜん）として輝き給えるを観て礼拝し奉る。ありがとうございます」と念じ、それからその続きの「われ今此処（ここ）竜宮城に坐（ざ）して……云々」と念ずるもよろしい。

生長の家の神性開発練成会（単に練成会とも略称している）に拝み合いの神想観というのがあるでしょう。（拙著『人間苦の解放宣言』参照）病苦その他の苦悩を除かれんと欲する人たちに拝して、こちらの宗教指導者たちが相対して坐し、それらの人々の実相が、円満完全無病不苦、霊光燦然たる神性（又は仏性）であることを観じてあげると、忽然（こつぜん）その観中に、それらの人々の苦悩が除かれ、病気が癒える霊験のあらわれる事実がある。

霊界に移行したる霊魂のうちにも、現実界の継続として病苦その他の苦しみを意識の中に体験している者たちがある。あなたが神想観中に、それら祖先及縁者の諸霊がそこにいられることを思い浮べて、実相を観ずる思念の光明霊波で包んであげて、「本来人間神の子、一切の業障（ごっしょう）、業苦（ごうく）等あることなし」という真理を念じてあげると、それら諸霊が救われて業障、業苦から解脱して悦ばれ、それらの諸霊が感謝報恩のため、子孫一家を守る守護霊として活動して下さって、家の繁栄の基にもなります。このような神想観の後、聖経を読誦してあげると一層よろしい。

ればなりませんか。

《質問三》 聖経読誦を始める場合、仏壇の前で、招神歌（かみよびうた）を唱え二拝二拍手一揖（ゆう）から始めなければなりませんか。

《垂示》 神想観の実修の時と異り、聖経だけを誦（あ）げられる時は、余りこだわって考える必要はないのであります。その家の宗旨が仏教であるなら、仏教の形式で始めればよろしい。一礼して、合掌低頭して後鐘をたたいて始めてもよいし、永く生長の家の教えを実践しておられる家なら、二拝二拍手一揖して招神歌を唱えてから始められるがよろしい。

聖経読誦で大切なことははじめて聖経『甘露の法雨』を読誦する際に、「この聖経はあなた方が生前信じておられた××宗の教えを現代語にて最も解り易く説かれた御経であります。その御経を毎日、何時何分から、読誦しますから、その時間には必ず来聴せられまして、真理をよく体得し解脱を得て如来の神通力を得給わんことを」と前置きして、充分祖霊に聖経読誦の意義を説明しておくことであります。また家庭内に強い反対観念を持っている者があると聖経の功徳（くどく）が消されることがありますので、そんな事のないよう、成るべく家族一同、同じ信仰に入り、一家協力して読むようにするならば、あらたかな霊験が得られるのであります。

第六章 ❖ 先祖供養による奇蹟的体験例

聖経による祖先供養の功徳(くどく)

こういう『甘露の法雨』読誦(どくじゅ)による祖先供養の奇蹟があります。それは、昭和四十年の二月の十五日、別府の国際観光会館で講習会があった時に、大分県の竹田という市(まち)があるのですが、其処(そこ)の田村富士子さんという人が次のような体験談を発表されました。

「皆さん、有難うございます。

竹田市の田村富士子でございます。

私ども、今日、倖(しあわ)せに過させていただいているのも、谷口先生の尊いみ教えのお蔭と、心から感謝いたしております。

時間に制限がありますので、私の従妹(いとこ)の体験のホンの一部だけ発表さしていただきます。

恰度、四、五年前の今頃のことでございました。私は前の畠で胡瓜の手入れをしておりますと、前のお家の方で、『田村先生のお宅はここでしょうか』と尋ねている女の人がございました。これは私宅に来られるお客さんだと思って急いで家に帰り、仕事着を取替えて待っておりますと、『ご免下さい』と、人の訪れる声に、急いで障子を開けて出てみました。開けてみますと、私の従妹が久し振りに訪ねて来ておりました。――その従妹とは（……遠方におりまして）縁が薄うございまして、ほんとうに十何年かぶりで訪ねて来てくれましたんで、嬉しくなって、『まあ久し振りだったわねえ、早くお上りなさいよ』と言って、……大きな子供さんを背負しているもんですから、抱えあげるようにして、茶の間に通しました。

そして、いろいろ昔話や結婚後のお話を伺いまして、

『どうしたの？』

と訊きますと、妹は、

『この子がわるいので病院へ診察に連れてきたのですよ』と言うんです。私が（……どっこも悪くなさそうだし）『どこがわるいんですか』と訊きますと、

『四歳にもなろうとするのに、立とうとも這おうともしないんです』

と言うもんですから、

『そうですか、……』と、いろいろ生長の家のお話をしたんです。

『当りまえのことがあたりまえでないのは、何か家庭に不調和があるか、御先祖さんに感謝が足りないか、家族の人達になにか不調和なことがあるから、子供さんにそのような状態(すがた)があらわれてくるんだから、私が此処(ここ)からあんたの御先祖様と（あなたのお母様も随分不幸な亡くなり方をなさったんだから）お母さんの霊を呼び出して、私が聖経〝甘露の法雨〟を誦(あ)げてあげるから、あなたも心からお詫びしない？』

と言って、お花とお水を取替えて、静かに聖経『甘露の法雨』を読みました。

そしたら、妹は眼に涙を溜(た)めてオロオロ泣いているんです。

『姉さん、有難くって有難くって……私こんなに泣けたことないの……』

と言うんです。

それからまたいろいろ生長の家の話をして、

『私が、一週間、御祖先様に〝甘露の法雨〟を誦げてあげる約束をしたんだから、あんたも帰って一週間、同じ時間に、家族の皆さんと一緒に〝甘露の法雨〟を誦げなさいよ』

と言って帰らしたんです。……」と。

そして、終バスで帰ったもんですから、恰度(ちょうど)帰り着いたのが晩だったんですねえ。この従妹は鳥目だったんで、夕方にまだ帰らんので夫が迎えに来ておったんですが、ところが、従妹はその時夜なのに眼が見えるんです。『甘露の法雨』を読んだだけで、鳥目が癒ってしまっておったというんです。

そうしてですね、その足の立たない四歳になるけれども立たなかったその子供が、その翌日に、立ち上って歩けるようになったという体験を話されたのであります。『甘露の法雨』の功徳はいうまでもありませんが、如何に聖経読誦による祖先供養が必要なことかはこの体験によって判るのであります。

その時まで富士子さんは知らなかったが、その従妹は鳥目だった。鳥目というのは俗称で、夜盲症といって、医者ではこれはビタミンAの欠乏から来る症状で、夕方が近くなって来ると、だんだん視力が弱く見え難くなって来る。

ところが、もう夕方も過ぎ日が暮れて来て、終発のバスに乗って帰らねばならぬ時刻になったので、夜盲症の妻を心配して夫が迎えに来たけれども、彼女は別に夫の厄介にならないで、トットトットと、夫の前をドンドン自由に夜道を歩いて帰っちゃったというのであります。こうして夜盲症は単にビタミンAの欠乏だけで起るのではなく、祖先供養によって治ることが証明されたのであります。

それから、この従妹さんが自宅へ帰ってからのことを話された田村富士子さんの体験談筆記の続きには、非常に神秘なことがあるので読みながら話したいと思います。——

●祖先供養をした同じ時間に自宅にお線香の匂いがした

「そして帰り着いたら、お姑さんが待ってて、

『どうだったの？』

と言うから、

『今日ねえ、竹田のお姉さんの家へ行ったら、斯う斯うだったの。大変ありがたかったんですよ』と言ったら、お姑さんが、

『今日はねえ、たいへん不思議なことがあるんだよ』

って、言うんです。

『どうしたんですか』と言ったら、

『分家の嫁が来てから、庭に這入るなり、〝今日はお線香の匂いがする、お寺さんでも来ているんですか〟と言って訊くんです』

それでお姑さんも、それに気付いて、

『ホント、お線香の匂いがするねえ、どうしたのかねえ』と言って、仏様を祀ってある方を見たけれども、別に変ったこともなかった。そしてまた分家の嫁が用を足して帰られた後へ、今度は長男が帰って来たが、その長男もまた、

『お婆ちゃん、なにか線香の匂いがするねえ、どうしたんだろうかねえ』って言うから、

『今もねえ、分家の嫁がそんなこと言ったんだけどねえ、どうしたんやろかなあ』とお姑さんは言っていたんです。

　そしたら従妹が、

『お母ちゃん、それは何時頃だったんですか』と言って訊いたら、それが恰度、私宅（田村富士子さんの宅）で、祖先供養のため聖経『甘露の法雨』を誦げている時間と同じ時間だったのです。（谷口・これは、そのとき霊界における霊が、そこに呼び出されて来て、『甘露の法雨』を受けておった。そんな時、高級霊が導きのために来迎せられたのです。そんなとき高級霊は人間界の不快な悪臭を消すために薫香を身に注いで来られるのです。それでお線香の匂いがしたのだと解釈できるのであって、聖経『甘露の法雨』を読誦して祖先供養をしているとき聖経護持の高級霊が出御して迷っている霊を導いて下さっている功徳がそこに現われているわけであります。）それで従妹も姑さんたちも、

『まあ不思議なことがあるもんだねえ、何里も距ったこんな所に、お姉さんが誦げた聖経の匂いが届いたのかしら？』

と言っていたのでした。

それで、従妹さんは家族の人に『お仏壇の前に坐って下さい』と言って、仏壇の前に坐って聖経『甘露の法雨』をひらいた。彼女は今まで聖経は全然手にしたことがなかったのですが、今それを披いて読もうとした時に、今まで夜盲のために夕方を過ぎたら見えなかった文字が、その聖経の文字がハッキリ見えるのです。

けれどもその時、従妹は自分の夜盲症が癒っていることにはまだ気が付かずに、字が見えるもんですから嬉しくって、『甘露の法雨』の巻頭に書いてある『七つの燈台の点灯者』の神示――『汝ら天地一切のものと和解せよ……』のところを真剣に読んだのです。

あそこだけ小さい活字で書いてありますね。あそこを真剣に読んで、読み終ってから、従妹は、〝あッ、これは鳥目が癒っておった。不思議だなあ、夕方迎えに来た主人が手を引いて連れて帰ってやろうとした時にも、やっぱり手を引いて貰わないでズンズン歩いて帰られた。あの時から、祖先供養のあの聖経を聴いた時から、この鳥目は癒っておったんだ〟と気が付いて、家族たちも一緒に泣いて喜んだというのであります」（田村富士子さんの話はつづく）

四歳の子供の足が立つ

「ところが、その四歳になっても立とうともしないし、歩こうともしないところのその子供が、その『甘露の法雨』を読んだ翌日から食卓につかまって立とうとしだして、（今まで立とうとも何ともしなかった）立とうとしては尻餅をつき、何回か繰返しているうちにやっと立てて、ニッコリ笑って、子供も嬉しかったんでしょう。家族の人達も喜んで、〝有難いことだ、手術もせんでも済んだし、本当に有難い〟と言って泣いてよろこばれたんです。

そしてお姑さんも（それまでは大変むつかしいお姑さんだったそうですが）、『お前の鳥目も癒るし、子供も手術せんでも歩けるように癒ったんだから、早く竹田のお姉さんの所へお礼に行って来なさい』と言って小遣銭をくれて、私の家へお礼に来られたんでありります。私は、『私の家へお礼に来るよりか、貴女、毎日それこそ神様に、御先祖に、感謝して、その〝甘露の法雨〟を読んであげなさい』といって生長の家の話をいろいろとしてあげたんです。

それから暫くして、七月の終り頃、またその従妹が訪ねて見えました。それで、『どうですか、久美ちゃんはよく歩けるようになったでしょう』とききますと、

『たいへん喜んで、普通の子供と変りなく跳んだりはねたり走ったりするようになったんです』と、こういう返事でありました」

これで田村富士子さんの体験は終りますが、ここに、聖経『甘露の法雨』の読誦による先祖供養の功徳がハッキリ現われているのであります。

●症状の精神分析

大体、子供の脚が立たないが医学では原因不明というような病気の場合には「立てるべきもの」（尊属）を立てていないことを意味する祖先霊の障りということが考えられるのでありますす。また目の病気も〝瞳〟のことを「目の仏様」などと呼ぶ地方があるくらいで、仏さま即ち亡き御先祖との関係があることを暗示しているのであります。原因は祖先の迷いの念の影響であり、医学は結果を診断して「ビタミンAが欠乏している」ということも本当でしょう。しかしその、一家族が、皆な同じ食物を食べて、その人だけがどうしてビタミンAが欠乏して、鳥目になったかということになると、医学では、それはわからないんです。もっと別に霊的な原因があって、それで現在「ビタミンAが欠乏している」という結果があらわれている。その結果は、医学上の判断でわかるというわけであります。

●宗教と医学との協力

宗教の方は霊的原因を説き、医学はそれによって生じたる結果を解明する、宗教は別に医学に逆うわけではないのであって、そのビタミンAが欠乏したような状態になって眼が見えなくなるその根因に、どういう精神的原因及び霊的原因があるかということが、問題なのであります。ここに症状の精神分析と共に霊的分析の必要があるのであります。

●症状の霊的分析

眼が暗くって見え難いというようなのは、近親者の霊魂が霊界へ往ってまだ迷っておって、暗黒な冥界――光のない暗い世界――に居る。そんな霊魂が暗い世界に居って、〝救われたーい〟と念ずると、その〝念力〟すなわち〝精神波動〟が、恰度テレビ局の放送の電波みたいにやって来るわけです。それで暗い精神波動を常に放送するものですから、それを受信感応した人は光が見えないで暗く見えることになるのであります。

夜盲症は、昼は見えるんです。なぜ昼は見えるかというと、冥界から放送する霊的波動は、ラジオの中波の電波みたいに、太陽光線によって粉砕され易いのです。それですから、昼間は、冥界からそういう暗い霊波を送って来ても、太陽の光によってその放送の波が粉砕されますので、その影響をあまり受けない。それで昼はよく見えるんです。ところが、夕方になると、冥界から暗黒の放送霊波が放送されて来るのが、恰もラジオの中波の放送でも、夕方になると、その電波が太陽光線で粉砕されないので遠い放送局の放送がそのまま砕けないで受信できるのと同じように、冥界の暗黒の放送霊波で周囲が覆われてしまって、周囲全体が暗く、見えなくなるということになるのであります。

ところが、聖経『甘露の法雨』を誦んであげますと、霊界の霊が悟りを開いて、そして暗黒の世界に転落ちておったのが、それが光の世界に上るんです。そうすると、霊界からの放送が光の世界の放送になるもんですから、よくその眼が見えるようになるというわけで、鳥目が癒る、夜盲症が癒る、というようなことになるわけであります。

●手脚の運動麻痺の霊的分析

それから、脚が立たぬ病気の霊的原因の分析でありますが、その子供の病名は小児麻痺かどうかは分らないが、ともかく四歳になっても立とうともせず、立ちもしなかったのでありますが、そんな症状の起る奥深い霊的な原因というものを研究してみますと、吾々の霊魂が、肉体を脱して霊界へ往くという時に、普通、所謂る断末魔の苦しみというのを味わうのでありますが、その断末魔の苦しみが余り苦しいときには気が遠くなって無意識になって霊界に往きます。その霊魂は疲れていて、霊界へ往ってから暫く眠っているんです。〝しばらく〟といっても、霊魂の業の程度に随っていろいろ時間の長さに相違があるんですけれども、兎もかく眠っているのです。

それがやがて意識が目覚めると、その霊魂の意識が目覚めるんです。肉体は火葬してもう無いんです。そして霊魂は霊界で眼が覚めてくると、先ず頭の辺が自覚に入って来る。霊魂の世界では、肉体は無いので、心の世界だから、心で自覚されたところだけが、心に感じられるように姿を現わすんです。まず頭の辺が、次に体の辺がすがたを現わして来る。しかし手足は意識の上でまだ目がさめないので、ハッキリ姿が現われない――というような状態になっている。それで、そういう状態の霊魂の状態を、古代の人が霊感で感じて描いたのが、あの絵に描いた幽霊の恰好です。手がブラブラッとして、足はまだ全然形を現わしていない。

まだ、そういう状態の、迷っている霊魂が、〝救われたーい〟と思って、その心の波――霊波――を送ってくると、その霊魂自身の霊界に於ける状態、手がブラブラで、自由がきかない、脚の存在はまだ意識にのぼっていないので、それを受信した人に、手がブラブラで脚が自由に動かないという状態が現われて来るのであります。

ところが、吾々が聖経『甘露の法雨』を読んで、祖先及び縁者の霊魂たちに、「人間本来・神の子で、そんな手足の不自由なんていう状態はナイ」という真理の言葉を放送して、その真理を彼らの心に印象してやりますと、霊界もまた唯心所現の世界でありますから、その手足不自由な状態が霊界において救われて、従ってその不自由な手脚の状態を放送する放送の波が消えるのでありますから、それを受信していた人の障碍が消え、従って症状が消えて自由に立って歩けるようになるというわけであります。

奇蹟！　不治の脳腫瘍が全治

根子　キクエ（74歳）
岩手県花巻市北笹間一二ノ二六

皆様、ありがとうございます。花巻市の根子キクエでございます。

私の孫は、今年の二月五日に、医大の付属病院に入院しました。その時、私は娘から「陽子が医大に入院しました」という知らせの電話をもらったので、びっくりしてすぐに病院へとんでまいりました。見たところ大したことではないようでしたが、とても危険な病気に罹ったらしく、大へん心配しました。

そうして、今日も検査、明日も検査と、検査に追われて四十日というもの検査が続きました。その間、毎日のように「今日は足が立たなくなりました」「今日は手が動かなくなりました」「今は口がまがって来ました。涎が出てきました」と、悪くなるばかり。私も一週間しては来て見、十日しては来て見、見舞いに来てみましたところが、大へん病気が悪化しているばかりでとても心配でした。

そうしている間に、四十日過ぎたところが、医大の先生より娘に、

「この子供は脳腫瘍という病気で、大へん危険な病気でありますが、大ていのものなら手術もできますが、この子供は頭の大事なところに腫瘍が出来ましたので、手術も手入れも出来ません。手入れの方法がありませんから、気の毒でございますが、諦めて頂きます」

という知らせであったのでございます。

娘はびっくりして、また私に電話をかけて寄越したのです。それまで、私は、生長の家のみ教えのことを娘にも話し、『白鳩』や『光の泉』の本を送ってもいたのですが、娘は先生に

そういわれない間は、先ずお金をかけて良いお医者さんにかかったら、それ以上のことはないと思ってアッサリしていたんです。

それでも、私一人ではどうすることもできないし、先ず生長の家の地方講師の高橋マサさんに相談にあがりましたところが、「ちょうど、ここの盛岡の練成道場に生長の家本部から田中イサノ講師という先生がいらして、講演がありますから、その講演の話を聴いて頂いたら、快くなるでしょう」と教えられました。

喜んでその講習を受けましたところ、心が収まりまして、今まで悪くなる時は泣いてばかりいた娘も私も、その時心が晴れ晴れとしました。私はながいことこのみ教えを教わっておりましたが、足伸びばかりで、その効果がなかったとみえて、泣くことばかりであったんですが、そのお話によってスッカリその晩から眠ることができました。けれども、子供の病気の方はその後も変りがなかったので、また高橋マサさんに相談に行きました。

高橋さんは「それでは私が病院に行ってみます」と言ってくれました。そこで、お願いして病院に来て貰ったところ、高橋さんが、

「先祖供養していますか」と娘にきいて下さったそうです。

娘はなんぼ私が教えても興味ないものですから知らなかったのです。

「なんにもそんなことをしていません」と娘が申しますと、高橋さんは、

「先祖供養が大事ですから、先祖供養をするようにして下さい」

と言って、詳しく先祖供養の仕方を教えられたのでございます。

それで、娘は先祖供養に、お墓参りに行く気になりました。主人の実家が花巻の矢沢村ですから、そこのお墓にお参りするには一日はゆっくりかかるので、「お婆さん、私がいない間、孫の看護に来て下さい」と言いますので、私は看護に行ったわけでございます。

娘はそのお墓参りに行くために、供え物やお花や、掃除するいろいろな物を買って仕度をしておりました。

すると、その心が御先祖様に通じたのでございましょう、孫が
「おかあちゃん、手が、手が動くよ」と言って左の手を上げたのだそうです。

娘は私が着くなり、

「お婆さん！　陽子がねえ、今朝、〝手が動くよ〟と言って、こう、手を上げましたよ！」と言うのです。

私もそれを聞いて、もう嬉しくって嬉しくって、親子、孫といっしょに、三人で手を取り合って泣きに泣きました。

そうして、娘はお墓参りに行きましたし、私はこの孫の看護をしていましたら、それからというものは、薄紙を剝ぐように毎日日増しに病気が快くなりまして、それからの電話の知らせでは、

「お婆さん、今日は陽子はね、手が動くようになりましたよ」

「今日はみかんを一人でむいて食べますよ。箸を持って茶碗をもって御飯を食べますよ」

「今日は寝台から一人で下りますよ」というように、本当に良いお知らせばかり受けたのでございます。

この体験によりまして、先祖供養ということがどんなに大事かが始めてわかったのです。今まで、かねがね、〝樹でたとえるなら、幹は親であり、根は祖先である。そのお蔭によって吾々枝葉は栄えるのだから、親孝行、先祖供養は大事である〟と教えられていたのですが、

「そうでしょうかねえ」位のことに思って、実行しなかったのです。

それをしたら、この孫は恢復しまして、退院してもいいというお知らせを受けたのでございます。本当にありがたいことだと思って感謝しております。谷口先生ありがとうございます。皆様ありがとうございます。


（48・8・12　岩手県民会館）

祖先に感謝して関節炎瞬時に癒ゆ

春木　コイシ（50歳）
北海道美唄市南美唄下一三条三丁目た六号

只今ご紹介いただきました三井美唄相愛会の春木コイシでございます。生長の家のみ教えにより救われました一人でございます。私共の相愛会隣保班長、早坂きよしさんの御愛念により、このみ教えに導かれました。

昭和四十五年四月、副総裁・谷口清超先生の御講習会を赤平市民会館において始めて受講させて頂きましたが、素晴しいみ教えである、という程度しか理解できないまま数年過ぎました。その後、昨年九月には聖使命会にも入会させて頂きました。しかし、私は長年にわたって苦しみと悩みをもっており、なんとか生長の家により、救って頂きたいと、切実に求めておりました。

その苦しみとは、九年前よりの右足の神経痛、関節リューマチと心臓病でございます。神経痛とリューマチは、特に冬に入ると下着を何枚も重ねて着た上に特製の綿入れを膝関節に当て、腰より懐炉を入れても冷たくて激痛が全身を走るのです。正坐も歩行もだんだん困難になって来、その上心臓は心不全、弁膜症で、病院の先生より直ぐ入院するようにいわれておりました。

昨年七月、生長の家美唄ゆには会館が建設され、九月九日、新しい会館において第一回の一泊見真会が開催されました。早坂さんのお誘いを頂き、私もこの見真会に参加させて頂きました。

北海道練成道場の野崎先生はじめ、諸先生の御指導により見真会はすすめられ、御講話を拝聴させて頂き、はじめて親に感謝すること、御先祖様に感謝することを教えられたのでございます。私が現在ここに在るのも、御両親様があり、御先祖様があるからであり、その生命を頂いている生命の継承者である尊い自分に気付かせて頂いたのでございます。親に、御先祖様に、感謝することを忘れていた自分を、心より懺悔させて頂き、はじめて心より感謝させて頂きました。

そして夜、八時半より浄心行があり、御指導の先生より説明がありまして、「あなたの過去の悩み、苦しみ、怨み、その他心に鬱積しているいろいろな問題を一切紙に書いて出しなさい。聖経読誦の功徳と御神霊の御加護により、一切の悪業を消して頂く行である」と教えられました。

私は自分の病気の事などよりも、御両親様、御先祖様に無関心であったことを――感謝することを忘れていたことを懺悔し、そして、〝ありがとうございます、ありがとうございます〟と感謝の気持を紙に書いたのでございます。

やがて浄心行は厳粛な雰囲気の中に行なわれ、ちょうど私の提出した紙が焼かれる頃、私の右足の爪先より痺れたように熱くなり、関節は熱い湯で温湿布をされたような感じがしました。

皆さん！　私はこの瞬間より一切の苦しみ、痛みより救われたのでございます。全く半信半疑でございました。見真会に参加する時、荷物を娘に持ってもらい、ようやく来たのですが、帰りには一人でその荷物を背負って家に帰ることが出来たのでございます。

それ以来、朝夕の神想観はもちろんのこと、御先祖様への感謝の聖経読誦を日課として続けさせて頂いております。そして、このたびの御講習会には、微力ながら親戚友人に受講菩薩券八枚を愛行させて頂きました。この菩薩券には祝福祈願券がついておりましたが、その祝福祈願をして頂いた一人に、娘婿池本国夫（三十五歳）がおりました。

国夫は昨年六月、足を骨折し、「全快した」と医師より言われていたのですが、どうしても骨折した箇所が腫れ痛むので非常に苦しんでおりました。それで、その祝福祈願をして頂いたのでございます。そうすると一週間目に私の家にとんで来て、「かあさん、あの菩薩券のお蔭で、あれ以来、足の腫れも痛みも嘘のように消えた！」と、感謝の報告に来たのでございます。

谷口先生、皆様、ありがとうございます。その他いろいろお蔭を頂いておりますが、これをもって私の体験発表を終らせて頂きます。今後は、み教え発展のため一所懸命働きます。ありがとうございました。

（48・9・2　札幌市真駒内競技場）

手術不能といわれた病気が……

小野利春（42歳）
香川県善通寺市生野町一一三九

ありがとうございます。私の子供の脳腫瘍が先祖供養、それから聖経読誦によりまして、後遺症もなく全治したという体験でございます。

昨年の十一月に入りまして間もなく、子供が、眼がほとんどという位視えなくなり、それに伴いまして頭が痛い、吐気がする、というような症状を訴えたのです。

私、家内ともども心配しまして、善通寺の国立病院へ伴れて行きまして精密検査を依頼し、二、三日様子を見ました。しかし一向原因がわからず、その間、もう食事は受けつけず、熱は毎日高くなり、ほとんど四十度近い熱がズッと続いていたわけでございます。

人に聞きまして坂出の回生病院の脳外科の方を紹介して貰い、脳外科へ入院致しました。

そこで再度精密検査を受けた結果は「脳腫瘍」と診断されたのでした。

〃脳腫瘍といっても、頭の一番難しいところ、脳の底にできもんが出来ておる。手術しても助かる率は五パーセントしかない。万一助かっても後々半身不随とか、手足が利かないとか、いろいろな後遺症が出てくる。コバルト照射以外には、そのできものを消すことは出来ない〃というようなことを先生に宣告せられました。

それでも、眼が視えない、頭が痛い、熱が四十度を越す、という状態が続くものですから、応急の手術をすることになり、第一回の手術で、頭からズッと管を通し、鼻まで管を通しまして、頭にたまって脳を圧迫する水をとるようにして、幾分は快(よ)くなりました。

そして、コバルト照射を十一月の末から始めたわけですが、二日、三日とコバルト照射をしておりましたところが、急に容態が悪化し、まわりにいる人間が誰だか一向わからなくなってきたのです。精神に異常をきたしたというか、もう私や先生などがいう一切の事を全く受けつけず、気違いのような状態になりまして、暴れ回るのです。仕方なくベッドに両手両足を縛り付け、動かないようにして看病したのでございます。

私と家内とは、そのような状態を見ながらも、どうすることもできず困り果てていました。

ちょうど十二月の十一日の夜、もう思い余りまして丸亀の相愛会の千葉講師(せんせい)に電話で御相談致しましたところ、千葉先生が、

「小野さん、ちょうど良かった」とおっしゃる。

「今日は全国講師をなさっていらっしゃる荒井英太郎先生が香川県へ講演に来ておられて、今は坂出に宿泊中です。あんたたち、明日奥さんと二人で行って、先生に御指導して貰いなさい」と言われました。

私と家内二人は、千葉先生に連れられて翌日旅館へ伺って、御指導をお願いしました。その時の気持といいますのは、藁をもつかむ気持で行ったわけでございます。

そのとき荒井英太郎先生がおっしゃったことを、私、いまだに忘れることはできません。

「貴方等、確かな夫婦でしょう。本当の夫婦の間に生まれた子供がこのような病気になるというのは、あなた達が先祖供養をしていない証拠だ」

「私の言うことを信じて先祖供養をし、『甘露の法雨』を誦げることを、今後時間を定めて毎晩やって御覧なさい。絶対にこの子は癒ります。あなたも治したいでしょう。癒しなさい。後遺症もなくこの子は絶対に癒ります」と荒井先生はその時力強く言ってくださったのです。

しかし、私達夫婦は信心の方は今まで全然したこともなし、〝生長の家〟なんかもそれまで話に聞くだけで、会にも入ったこともありません。それで、先生がおっしゃるのを聞いても、半信半疑でした。

〝先生は私の子供がいまどのような状態でおるのか知らんずくに……先生あなん「絶対治る」という確かなことを言うけど、そんなことはあり得るんだろうか〟という気持でいますと、先生は

「小野さん、あんたは信じてないでしょう。あんたは信じてない。〝唯もう信じなさい〟という方が無理だ。信じんでもかまいません。でも私が言った通りに行ないなさい。そして子供が後遺症もなく全治したときは、絶対に信じなさいよ」とおっしゃいました。

そこで、私達は今までは先祖供養といってもお盆の時とかお正月とかに手を合わすだけ位の状態だったのを、心を改めまして、一所懸命お祈り致しました。

それから子供は日増しに快くなりまして、全然歩けなかった子供、手足の自由の利かなかった子供、親の顔さえ判らなかった子供がスッカリ元気になりまして、今年の二月の五日、三ヵ月余りで病院の先生に退院を許可されるほど元気になりました。

そして二月の五日の日に退院致しまして、三月五日の屋島の練成に家内と子供と二人で参加しまして、元気に練成を受けて帰って来ました。三月十二日からはもう学校へも通学出来るようになりました。

この四月には、中学三年生の修学旅行にも行き、九州の方へ四泊五日の旅行でしたが無事

終えて、現在では来春の高校進学を目指して元気に勉学に励んでいる状態でございます。

このような有難いお教えを頂きましたこの生長の家に、深く心より感謝致しておる次第でございます。ありがとうございました。


（48・9・29　高松市民センター）

聖経読誦で家中が救われた

中山毬枝（まりえ）（52歳）

長崎県壱岐郡郷ノ浦町本村触（ふれ）七〇二ノ一

有難うございます。

壱岐の島の中山毬枝と申す者でございます。今日この晴れの場で、総裁先生の御前で、拙（つたな）い体験談をさせて頂き、御礼申し述べさせて頂きますことを、感謝いたしております。有難うございます。

私は、肝臓が石のように固くなり血を吐く病（やまい）で、病床にありますこと十年、薬に親しみますこと十三年、とてもこの世の者とは思われない状態でした。

この間、お医者様から何度も見放されましたが、み教えにふれまして、『生命の實相』と神誌を貪るように読まして頂きました。――〝人間は神の子である、神の子・人間には本来、病なし、罪なし。現象は心の影である〟と、教えてありました。

そして、『甘露の法雨』を命の綱と頼み、『甘露の法雨』に縋り、読誦三昧。婚家と生家の両親と、先祖の戒名を書き写して来てもらい、枕元に貼りつけまして、四六時中読誦いたしました。

また、肝臓が悪うございますと胆嚢まで悪くなります。その痛みたるや、筆舌につくせません。お医者さんは「もうこれより以上、痛み止めは打たれない」と、手を拱いていらっしゃいます。私は痛み殺されそうになりながら……『甘露の法雨』を痛い箇所に確と当てて、…痛み殺されそうになりながら無我夢中で、「ありがとうございます。ありがとうございます」と、心の中で唱えつづけるのでした。

そう致しますと、痛みながらも、何もかもありがたーい気持になっていつの間にか眠っているのです。目覚めてみて、痛みから解放されている自分に気が付いた時、痛みが消えていることに気が付いたときの嬉しさは、たとえようもございませんでした。

こうして私は、み教えに救われまして、……皆様！　お見かけ通り、元気一杯の私でございます。

先生、ありがとうございます。（拍手）

顧みますと、かつての私の家庭は、まるで不幸の標本を集めたように、主人は高血圧、動脈硬化、心臓……また、次女は盲腸炎でしたが、特異体質とのことで手術ができませず、五年もの間、痛み止め、化膿止めと、薬と注射の明け暮れでした。また次男は、相撲を取りまして頭を打ち、その後遺症で一ヵ月に何回となく痙攣を起すのです。――この状態が三年間も続きました。

こういう矢先、かてて加えて、長男からの便りがプッツリと途絶えたのです。私は不安と焦躁にさいなまれ、取り越し苦労を致しましたが、信仰の有難さ……神様の方に心がクルッと向いたのです。

「いかに暗黒の状態が眼の前にあらわれようとも、決してそれに心をとらえられて振り回されてはならない。常に明るい方に心を向けよ。全てを善い方に解釈せよ」と、教えて下さっているではないか――と気が付いたのです。

それからは、便りがあろうとなかろうと、長男の元気な姿を常に思い描きまして神想観し、

〝神様！　神意ならば長男克忠に故郷の土を踏ましめ給え！　ありがとうございます、ありがとうございます、克忠は元気で帰って参りました。ありがとうございました〟と、朝に夕に手を合わせ、時には部屋の入口に立ちまして「元気でよう帰って来たね、さあお這入り」と、言葉に表わし、その所作を致しました。こうして一年過ぎました。二年経ちました。三年経ちました。四年になりましたが、なんの音も沙汰もございません。しかし、私は祈り続けました。総裁先生は「祈りは必ず叶えられる」と教えて下さっております。「生命の奥底に宣言し、それを心に観じ、心に描いて、すでに得たりと繰返し祈れ。祈りと願いを一致させるとき、必ず成就する」――とのお言葉を、私は絶対的に信じ、行じ、祈りました。

早や五年の月日が流れました。

忘れも致しません、一昨年の六月二十二日、待ちに待った長男からの便りが届いたのでございます。（拍手）

「お父さん、お母さん、ながい間の不孝をお許し下さい。僕はいま元気です」と、写真とお金が同封してありました。

その写真をかき抱き、「神様！　ありがとうございました。ありがとうございました」と、主人共々に嬉し涙にくれたのでございます。

それから四十日ばかりしまして、主人は還らぬ人となったのですが、最後まで意識をハッキリしておりました。

「お父さん、明日は克忠が帰って来ますよ、元気を出して下さい」……私や娘たちの呼びます声に、

「ウン、ウン、わかった」と、大安心の様子で霊界へと旅立って往ったのです。

明けて翌日、八年ぶりに長男が帰って参りました。亡くなっておりましょうとは知らず、土産物も空しく、変り果てた冷い亡父の手を握ってハラハラと涙をこぼすのです。

黄昏近くなりまして、荼毘に付すべくその場所にまいりました。白木の箱に納まりました父を確と胸に抱いて、悄然と屋外に出ました長男に、折しも十三夜の月がもの悲しく淡い光を投げかけるのです。

こうして長男も元気で、また次女も、健全の実相を顕現いたしました。中学・高校を通じまして四年間も休学する状態でしたが、無事に高校を卒業いたしまして勤めに励んでおりま

す。また次男も、痙攣のケの字を起すこともなく、完全に元気になりまして五年になります。

こうして経済的に、肉体的に、身体的に奈落の底にあえいでおりました私たち一家が、日々健康を取りもどし、日々無限供給を頂き、極楽浄土の生活をさして頂いておりますのは、ひとえに生長の家のみ教えの賜(たまもの)でございます。私は、全人類が幸せになります素晴しいみ教えを、一人でも多くの方にお伝えし、総裁先生のみ心を心とし、日本の国の実相顕現のために、一路、光明化の道を邁進(まいしん)させて頂き、御恩の万分の一もお返し致す覚悟でございます。

ありがとうございます。

（48・10・7　福岡市九電記念体育館）

子供の脳腫瘍が不思議に消える！

三宅　朝香（42歳）
岡山県倉敷市連島町連島

ありがとうございます。私は二児の母でございます。私がこの御教えにふれさせて頂きましたのは、昭和四十七年二月七日のことでございます。私の次女で、久美子と申しますが、この子が学校に行っている時にたびたび頭が痛いといって保健室で休むようになりました。

ある日学校の先生から、どうもたびたび様子がおかしいから一度脳波の検査を受けて下さい、といわれました。それですぐ内科の先生の所に行きました。すると先生は「この子は肝臓が悪いし、血圧も低い」とおっしゃいます。そして「学校へ行ってもいいが、運動は出来るだけさけて、テレビも見ないようにし、夜は早寝をしなさい。学校への送り迎えをしてあげなさい」ということでした。

その後、頭の痛みは良くなったのですが、顔色は日増しに悪くなってくるので、また内科の先生に相談しました。先生は「頭はどうもないでしょう。たぶん大丈夫でしょう」といわれます。でも私は気になってしかたないので、水島中央病院に連れて行きました。

そこで脳波の検査を受けました。その結果、先生が、

「この子は脳腫瘍といって千人に一人の病気です。たとえ手術を受けても受けなくても三ヵ月の命です。この子のしたいようにさせてあげて下さい。この病院ではどうすることもできませんから、岡大か国立に行って下さい、春休み位はもつでしょう」とおっしゃるのです。

私はそれを聞いてびっくりしました。

「この子はもうダメなのですか？」

と力の抜けた声で聞き返しますと、

「誠におかわいそうですが、あきらめて下さい」とおっしゃるのです。

私はとほうにくれて、帰る途中、叔母の家がありますので、そこへ寄りました。その叔母は生長の家に熱心なのです。それで私はこの事を話しました。すると叔母は
「お医者さんに見放されたのなら、神様に助けてもらいなさい」というのです。

私はもう、どうしていいのか分らないので、〝そうだ、もうどこへもすがる所がない。神様に助けて頂こう〟と思い、その足ですぐ倉敷市広江の松井好夫先生の所に個人指導を受けにいかして頂きました。

叔母と主人と一緒に参り、先生に相談しました。すると先生は
「貴女（あなた）は御主人に感謝していますか？　目上の人に感謝していますか？」とおっしゃるのです。私は主人とは仲が悪く、顔さえ見るとよくケンカをしており、ぶつぶつ小言ばかりいっていました。だから感謝という感謝はしておりません。

松井先生は「御主人に感謝しないといけません。子供の病気は貴女（あなた）の責任です。母親が夫に感謝し、また子供にも感謝しない限り子供も家のことも良くいかない。人間は神の子だか

ら病気はありません」とおっしゃいました。

私はその時、〝そうだ！　そうだ！　本当に私が悪かった〟と心の底から反省させられました。主人にもあやまりました。それで色々と指導して頂いているうちに、「貴女《あなた》は子供を堕《お》ろしてはいませんか？」といわれました。私は恥かしいことに流産した事もございますし、堕ろした事もあります。すると先生は、その子を「祀《まつ》らないといけませんよ」といって〝霊《みたま》移《うつ》し〟をして下さいました。それからさっそく、家に帰り御先祖様に『甘露の法雨』をあげさせて頂きました。

そのあけの日から、私にとっては不思議な事ばかりが起こりました。子供が鼻血を出し、なかなか止まらないのです。そして〝頭が痛い、頭が重い、どうしてこんなに頭が痛いのかなァ、早く元気になって学校に行きたい〟と泣くように訴えるのです。この様な状態が何日か続いておりました。ある日、子供が寝ないので枕元で『甘露の法雨』を読んでやりました。すると、半分位読むと、スウスウと寝息をたてて気持よさそうに休んだのでございます。〝まあ！　これはありがたい事だ〟と思い、私も何日も寝ていないので、ついウトウトとしてしまいました。

ふと目をさますと、子供の枕元から煙が上がっているのです。〝不思議だなあー〟と思い、何日も寝ていないから私の目がどうにかなったのだろうと思い、目を閉じて、しばらくしてから開けてみると、今度はますます煙は真白になって天井いっぱいに舞い上がっていたのです。〝不思議だなあー〟と思いながらも、〝そうだ！　そうだ！　この子はもう癒（なお）ったのだ、神様が私の目に見せて下さったのだ〟と思えて、おもわず「ありがとうございます」といって合掌してしまいました。

しかしその煙は、一晩中子供の枕元から舞い上がり続きました。でもあまりの煙でどうしていいか分らず、ただ煙の中でうろうろとしている内に夜が明けたのです。五時十分となり、無我夢中で『甘露の法雨』を読みました。するとどうでしょう、部屋いっぱいの煙がいつの間にか消えていたのです。

その朝から久美子は熱が高く、〝えらい！　えらい！〟とくり返しました。お医者さんに注射をして頂きましたが、熱は四十度近くなり、いっこうに下りません。そのうちに、急にご飯がほしいといいだしました。何日もご飯を食べていないので、私は嬉しくなって早速台所に立ち、おじやを作り、食べさせました。すると、そのおじやがおいしいおいしいと言って二杯も食べるのです。食べ終るとすぐに〝もう寝るよ……〟といって、そのままスウスウと気持ちよさそうに朝までぐっすりと休んだのです。すると熱はきれいにひいてしまいました。

次の朝、久美子はケロリとして、

「お母ちゃん、私、頭が軽くなったワ、痛くないワ、なんだか気持もいいし、今日は学校に行ってもいい?」と嬉しそうにいうのです。

それを聞いて、私は「良かった! この子は神の子だった、本当に良かった!」と嬉し泣きしました。

「本当にどうもないの?」と聞くと、「うん、どうもないヨ」といって喜ぶのです。それっきり久美子はきれいに癒ってしまいました。

このようにして、子供はお蔭さまで癒ったのですけれど、その後、今度は私が、おりものがするのです。お医者さんは〝子宮ガンの疑いがある〟といわれます。「すぐ検査にだすから、一週間ほど通院して下さい」といわれましたが、私はまた、松井先生の所へ個人指導を受けに行きました。

すると先生に「貴女(あなた)は御主人のいわれることを素直に聞きなさい。人間は神の子だから病気はない、子宮ガンなんかありません」といわれました。私は先生のいわれた通りにしました。それきり通院もやめ、薬も服(の)まず、ただ『甘露の法雨』を一所懸命誦げました。

すると一ヵ月ほど過ぎると、おりものも止り、正常に戻ったのです。

この時、私は神様というものはこんなにもありがたいものか、とつくづく思い知りました。いくらお金があってもお金で癒らないものもある。ただ人間は神の子、真心があればどんな事でも救われると痛感する思いです。

生長の家の『甘露の法雨』の功徳によって病気はきれいにいやされてしまいました。ありがとうございます。谷口先生はじめ松井先生、諸先生がた、ありがとうございます。

（48・10・2　岡山県営体育館）

新版　人生を支配する先祖供養〔完〕

参考図書一覧

谷口雅春著『生命の實相』（頭注版）四巻、九・十巻（靈界篇）十一・十二巻（萬教歸一篇）十六巻、十八巻、二十一巻、二十八巻、三十巻 等

〃『幸福をひらく鍵』（新選谷口雅春選集1）

R・M・レスター著 谷口雅春訳『靈界の妻は語る』（〃 7）

谷口雅春著『人間死んでも死なぬ』（〃 16）

〃『生命の謎』（〃 18）

〃『生死を超える道』（『新版 真理』別冊）

谷口清超著『感謝の奇蹟』

J・クレンショー著 谷口清超訳『天と地とを結ぶ電話』（谷口清超宗教論集4）〈品切中〉

新版　人生を支配する先祖供養

平成16年9月15日　新版初版発行
令和 2 年4月20日　新版18版発行

〈検印省略〉

著　者　谷　口　雅　春

発行者　岸　　重　人
発行所　株式会社　日本教文社
〒107-8674　東京都港区赤坂9-6-44
電話　03(3401)9111(代表)
03(3401)9114(編集)
FAX　03(3401)9118(編集)
03(3401)9139(営業)
頒布所　財団法人世界聖典普及協会
〒107-8691　東京都港区赤坂9-6-33
電話　03(3403)1501(代表)
振替　00110-7-120549

装幀　松下晴美　　組版　レディバード
表紙・扉イラスト　難波淳郎（出典・ダヴィッド社）
印刷　東港出版印刷株式会社
製本　牧製本印刷株式会社

ISBN978-4-531-05241-7